MW01675316

Le Rêve des Anges

LEON KABASELE

Le Rêve des Anges

Copyright © 2022 LEON KABASELE

All rights reserved. No part of this book may be used or reproduced by any means, graphic, electronic, or mechanical, including photocopying, recording, taping or by any information storage retrieval system without the written permission of the author except in the case of brief quotations embodied in critical articles and reviews.

Because of the dynamic nature of the Internet, any web addresses or links contained in this book may have changed since publication and may no longer be valid. The views expressed in this work are solely those of the author and do not necessarily reflect the views of the publisher, and the publisher hereby disclaims any responsibility for them.

Paperback: 978-1-7397704-4-0
eBook: 978-1-7397704-5-7

Contents

Préface

Le rêve des anges discute du rôle du rêve sur les relations des anges dans le développement de la psychologie, de la philosophie et de la théologie. Beaucoup de gens pensent que les anges sont bons, oubliant qu'il y a aussi de mauvais anges selon la théologie et la religion. Beaucoup de gens pensent aujourd'hui à un ange comme à un être que Dieu a créé pour nous annoncer la bonne nouvelle. On suppose que les anges travaillent avec les êtres humains. Un être humain a une perception et un point de vue différents des anges. Dieu comprend les anges d'une manière différente de celle des êtres humains. Il existe également de nombreuses façons pour un ange de remettre en question la façon de comprendre et de penser d'un être humain. Comme nous le savons, un être humain pense faire beaucoup de choses à la fois, mais Dieu, à travers ses anges, met les êtres humains au défi de faire quelque chose de très important qui peut les aider abondamment par rapport au monde.

Je tiens à exprimer ma gratitude à tous ceux qui ont contribué à mon écriture du Rêve des Anges. Quand je dis ont contribué, je veux dire que ces personnes ont offert soit des encouragements, soit du découragement et des commentaires, qu'ils soient bons ou mauvais. Un exemple de bonne contribution est lorsque quelqu'un m'a donné une bonne idée sans l'analyser lui-même pour m'aider à développer mes idées pour le livre. Une mauvaise contribution est quand quelqu'un a fait quelque chose pour me blesser, mais j'ai défié ce sentiment douloureux et j'ai décidé de ressentir un bon sentiment à la place. Les idées du Rêve des anges me sont venues après avoir passé quelque temps à la fois à l'hôpital et en prison. J'ai fait mes lectures et mes recherches sur la philosophie, la psychologie et la théologie, y compris la Bible comme l'exige ma foi, mais Le Rêve des Anges s'adresse aux personnes de toutes confessions et croyances et même à celles qui n'ont ni foi ni croyance, y compris les athées. De plus, c'est le stress et la dépression que j'ai endurés en prison qui m'ont motivé à écrire ce livre. J'ai poursuivi le projet d'écrire ce livre après ma sortie de prison.

Le Rêve des Anges aidera mes lecteurs à comprendre ce que je veux dire quand je dis que les anges rêvent. Je pense que ce titre vous amène à penser à une croyance de foi directe, mais ce n'est pas le cas. Le Rêve des Anges vous mènera à une autre sorte de dimension où vous deviendrez plus intéressé par la découverte des nombreuses choses dans le monde.

Quand je parle d'un ange, je veux dire les bons anges, donc le rêve des anges équivaut à quelque chose de bon, d'excellent, de doux et de relaxant. Je crois que même à l'hôpital ou en prison, une personne peut encore trouver la détente. Je crois qu'avant que quelque chose de bon ou de mauvais n'arrive à une personne, il doit y avoir un signe. J'ai lu les rêves de beaucoup de gens, mais j'ai peur de les écrire pour que vous les considériez. Il y a toujours un signal avant que quelque chose n'arrive à quelqu'un. J'ai également observé que les gens peuvent ne pas croire au problème ou à la situation qu'ils traversent, mais ils croient consciemment à travers et à leurs esprits intérieurs. Ils ont la capacité de parler aux autres des problèmes qu'ils traversent dans leur vie.

De nombreux astrologues, philosophes et non-philosophes ont écrit sur les rêves. Certains d'entre eux interprètent les rêves comme ils le souhaitent. La plupart des gens font toutes sortes de rêves, mais il y a beaucoup de gens qui ne rêvent pas simplement parce qu'ils en sont incapables, car aucun rêve ne leur vient à l'esprit lorsqu'ils dorment. Tout le monde a un rêve—tout le monde rêve d'un rêve—mais Le Rêve des Anges n'est pas basé sur l'interprétation des rêves. Certaines personnes ont eu des rêves, mais ces rêves sont maintenant passés. Peut-être que les gens oublient ce dont ils rêvent parce que quelque chose interrompt leurs rêves, les empêchant de s'en souvenir.

En lisant, vous comprendrez que Le Rêve des anges est également basé sur l'esprit – la pensée – dans le contexte de la philosophie, de la psychologie et de la pensée biblique. N'abandonnez pas en cours de route; continuer à lire tous les chapitres ici. Vous constaterez que je cite des passages de la Bible pour soutenir un certain point de vue religieux.

Lorsque vous songez à faire quelque chose, cela devient une partie de votre rêve. Il est préférable de soutenir la réalisation de votre rêve de toute votre énergie et de le réaliser quand c'est un bon rêve, mais pas quand c'est un mauvais rêve. Je crois que vous avez le droit de faire de votre mieux pour que votre bon rêve se manifeste dans votre vie. J'ai rencontré beaucoup de gens qui font de mauvais rêves. Selon leurs rêves, ils sont destinés à ce que de mauvaises choses leur arrivent. Lorsque j'ai interviewé certaines de ces personnes, j'ai demandé: « Et si vous rêviez personnellement d'être mort d'un accident de voiture? Seriez-vous heureux si ce rêve se réalisait? Toutes les personnes que j'ai interrogées ont répondu non avec des points d'interrogation dans leur esprit. C'est pourquoi je crois que Le Rêve des Anges est très important. Mon idée d'écrire Le Rêve des Anges était très importante pour moi car j'ai toujours centré mes recherches sur les rêves humains et les anges. J'aimerais que mes lecteurs deviennent des lecteurs plus informés après avoir terminé Le Rêve des anges, une lecture extrêmement intéressante pour ceux qui veulent devenir philosophes, psychologues, théologiens ou étudiants dans l'un ou l'autre de ces domaines d'études.

Je crois aux rêves impliquant des anges. Le but du Rêve des anges est d'analyser les principaux points concernant les anges. L'analyse et les recherches que j'ai faites m'ont aidé personnellement, avant qu'elles n'aident le lecteur. Quand j'écrivais Le Rêve des anges, cela m'a fait découvrir plus de choses en lien avec mes recherches. En lisant Le Rêve des anges, vous devriez vous sentir enthousiasmé par le fait que votre rêve sera accompli et est sur le point de se réaliser de manière positive. Bon nombre des conseils que je donne ici aideront votre esprit à réaliser de bons rêves au bon endroit et au bon moment. La plupart des rêves surviennent lorsque nous dormons, mais certains rêves surviennent lorsque nous sommes éveillés ou lorsque nous sommes inconscients. Je crois que chaque fois que nous pensons à quelque chose sans parler à la personne qui est à côté de nous, notre esprit travaille, ce qui fait aussi partie du rêve. Je voudrais que tous mes lecteurs comprennent qu'on ne rêve pas seulement quand on dort. Beaucoup de gens pensent que nous ne rêvons que lorsque nous dormons. Lorsqu'un être humain dort, chaque partie du corps externe cesse de fonctionner physiquement et cesse de bouger. Mais je ne suis pas d'accord avec la conclusion scientifique selon laquelle le corps devient immobile parce que l'esprit humain ne s'arrête pas de fonctionner et ne sera jamais immobile. De plus, un esprit humain ne peut pas seulement travailler la nuit car ce n'est pas un organe physique. Je pense que maintenant nous arrivons quelque part. S'appuyant sur la métaphysique, Le Rêve des Anges vous fournira de nombreux indices pour assurer la bonne orientation de vos rêves et vous motiver. Je ne veux pas que vous vous découragez pendant que vous lisez. De nombreux astrologues disent qu'une personne pense à ce qu'elle a fait pendant la journée pendant qu'elle dort. Cette idée n'est pas mauvaise. Dans Le Rêve des Anges, je dois considérer ce point pour aider à comprendre les rêves en détail. Mais la chose la plus importante que les lecteurs doivent comprendre est que Le Rêve des Anges ne consiste pas à interpréter les rêves ou à guider une personne sur la façon de rêver. Au lieu de cela, il s'agit de l'orientation positive de l'esprit invisible.

Certaines personnes doivent prendre des médicaments avant de pouvoir s'endormir. Prendre des somnifères ne signifie pas que vous ne pouvez pas rêver. Bien sûr, vous pouvez toujours rêver. Votre esprit est toujours actif et le sera aussi longtemps que vous serez en vie. Je crois que votre esprit deviendra inactif une fois que vous mourrez parce que tous vos mécanismes physiques cesseront de fonctionner. Selon la perspective religieuse, principalement chrétienne mais aussi d'autres religions, votre vie se poursuivra soit au paradis, soit en enfer, selon votre comportement sur terre. Bien que je doive tenir compte des croyances religieuses dans

Le Rêve des anges, ma propre foi et croyance n'affecte aucune partie du contenu.

Nous ne devons pas nier le surnaturel lorsque nous pensons aux rêves ou à l'esprit. Chaque personne veut découvrir quelque chose de nouveau dans le monde. Si aujourd'hui nous ne prêtons aucune attention à tout ce qui se passe dans le monde, nous ne penserons pas à vivre dans ce monde d'une manière appropriée. Beaucoup de gens trouvent cela très difficile lorsqu'ils font de mauvais rêves. Je crois que Le Rêve des Anges, en expliquant la fonction des rêves, transformera les mauvais rêves en bons rêves. L'esprit humain peut répéter quelque chose encore et encore, mais cela ne signifie pas que nous devons refaire les mêmes choses encore et encore, car ces choses pourraient détruire nos vies. Je crois que beaucoup de gens répètent les mêmes choses encore et encore, mais leurs esprits pensent à des choses différentes. Ce qu'un être humain dit n'indique pas nécessairement ce qu'il pense. Le Rêve des Anges vous donnera une bonne direction dans quelque chose que vous recherchez depuis longtemps.

Je crois qu'un ange sera avec vous spirituellement pendant que vous lisez Le Rêve des anges. Il (tous les anges, selon la

Bible, sont des hommes) sera votre aide pour vous assurer que vous comprenez le contenu. Parfois, vous pourriez vous sentir excité. Cela signifie qu'un ange a mis en évidence ce point pour que vous puissiez le lire afin que vous puissiez augmenter votre bonheur. De nombreuses recherches scientifiques sont nécessaires avant de tirer une conclusion précise. Beaucoup de personnes diplômées pensent qu'on ne peut plus rien leur dire de nouveau. Ils pensent qu'ils en ont fini avec tout ce qu'il y a dans le monde. Je ne suis pas contre leurs titres académiques ou leurs idées, mais je suis très réaliste quant à ce que pensent les humains. Je respecte les gens qui ont eu l'occasion d'étudier. Je respecte également les personnes qui n'ont jamais eu l'occasion d'étudier à cause de nombreuses circonstances différentes. Je crois qu'on ne peut pas ignorer sa capacité intellectuelle. Vous êtes le maître de votre vie surtout lorsque vous vous tenez derrière les bonnes décisions que vous avez prises.

Lorsque vous voulez que votre esprit conçoive quelque chose de nouveau pour votre vie, ne laissez pas les autres surveiller votre esprit ou empiéter sur votre vie. Vous ne devez pas permettre aux gens de vous surveiller lorsque vous avez un bon rêve sur votre avenir. Votre avenir est entre vos mains. Votre esprit contrôle votre avenir, tout comme votre pensée. Les bonnes choses que votre esprit traite constituent le bon résultat que votre corps produira. Tout ce que nous faisons vient de l'esprit. Beaucoup de gens disent que l'esprit contrôle le corps. Je crois que lorsque nous rêvons, qui vient du mental, cela nous fait croire que c'est le mental qui nous amène à faire tout ce que nous faisons dans notre vie. L'âme n'est pas l'esprit. Il y a beaucoup de confusion sur ce point. L'âme est très différente de l'esprit ; les deux ne doivent pas être confondus.

INTRODUCTION

Un ange vous guidera à travers Le Rêve des anges pour s'assurer que vous le lisiez avec toute votre compréhension et votre force. Un bon lecteur comprendra que Le Rêve des Anges ne se préoccupe pas de décrire à quoi ressemble un ange, car un ange ne ressemble pas à un être humain. Selon la philosophie et la religion, un ange est un être surnaturel. Dans le monde surnaturel, il n'y a ni sommeil ni mouvement physique car chaque création du monde surnaturel a la vie éternelle. La mention du surnaturel m'amène à l'idée de l'esprit. L'esprit humain n'a pas à dormir. En effet, l'esprit ne prend jamais de pause tant que l'humain est vivant dans ce monde physique. Lorsque l'esprit cesse de fonctionner, le corps humain cesse de fonctionner, ainsi que toutes ses fonctions, qui s'arrêtent immédiatement. Notre esprit ne peut arrêter de penser que lorsque notre corps physique cesse de fonctionner. Lorsque le corps physique fonctionne bien, il y aura des pensées positives et négatives. De plus, le caractère d'une personne détermine les résultats de son esprit. C'est pourquoi nous analysons le caractère d'une personne.

L'esprit humain ne peut pas être vu parce qu'il est invisible. Ce n'est ni un mécanisme ni un organe. Il ne peut être identifié que par ses caractéristiques physiques. Certains psychanalystes disent que les pensées d'une personne ne représentent qu'un effort pour savoir quelque chose mais pas un effort pour savoir exactement cette chose. Je ne parle pas seulement du point de vue chrétien, mais aussi en rapport avec plusieurs idées qu'un être humain peut avoir en tête. Chaque religion offre sa propre définition de l'esprit humain. De nombreux philosophes ont amené les gens à comprendre leurs idées, ce qui n'aidera jamais personne à comprendre l'esprit humain. Pourtant, ces idées continuent d'induire en erreur de nombreuses personnes.

Je sais que la plupart des érudits croient aux idées de nombreux philosophes, qu'ils utilisent pour soutenir leurs recherches sur quelque chose d'important pour eux. J'apprécie toujours ceci: « Descartes était impatient de découvrir des moyens nouveaux et meilleurs de saisir la vérité de la connaissance » (Robinson et Garratt 2006, 15).

Si les érudits et les chercheurs ne font aucun effort, nombre de leurs expériences échoueront. Bien sûr, il est toujours préférable d'apprendre du passé car le passé détermine le présent. Si les gens ignorent le passé, la plupart de leurs expériences seront infructueuses. L'ancienne recherche aide toujours. Un chercheur a déclaré qu'un poisson ne nage pas et même que le poisson dans son ensemble ne peut pas nager. Aucun scientifique ne peut prouver que c'est faux car tout le monde sait que les poissons savent nager. De plus, vous ne pouvez pas apprendre à nager à un poisson.

Je crois qu'un ange ne peut pas être égal à un être humain, tout comme l'esprit humain ne peut pas être le même que le corps physique. Le corps est le mécanisme et l'esprit contrôle le corps. Revenons à la philosophie de Descartes: « Une règle sur laquelle Descartes insiste à plusieurs reprises est que les vraies idées doivent être « claires et distinctes » dans votre esprit » (Robinson et Garratt 2006, 25). Nous n'avons pas quelque chose de différent à l'esprit lorsque nous pensons à quelque chose en rapport avec une religion, surtout lorsque nous considérons les choses du point de vue chrétien. « Il n'y a pas de juste, non, pas un » (Romains 3:10). Un être humain commet continuellement de nombreuses erreurs. Même notre esprit est imparfait, ce qui se voit dans notre comportement, qu'il soit bien ou mal. Nous pourrions avoir la capacité mentale de comprendre cela. Un rêve peut nous aider à identifier ce que nous avons en tête.

Un rêve définit le fonctionnement de l'esprit, car le rêve confirme à une personne que son esprit fonctionne toujours. Un rêve est une idée ; l'esprit humain peut fonctionner de manière négative ou positive. Quand une personne a l'idée de sauver quelqu'un d'autre du danger, je pense que la personne a une bonne pensée positive. Lorsqu'un ange fait un rêve, il n'a pas besoin de dormir car un ange n'est pas la même chose qu'un humain et n'a pas de corps physique. Nous avons aussi quelque chose en tête qui nous permet de rêver sans dormir. Je pense que cette affirmation sera très utile à ceux qui pensent que le rêve ne se produit que lorsqu'une personne dort. Je crois que les anges ne dorment pas parce que les anges n'ont ni corps humain ni mentalité humaine. Un ange a une pensée parfaite. Seul un bon ange peut avoir une pensée sainte et positive. Tout le monde pense que lorsque quelqu'un voit un ange, cela signifie que la personne va recevoir un bon message de l'ange. L'esprit humain pense aux bonnes et aux mauvaises choses avant de réagir.

Le caractère d'une personne peut être identifié de plusieurs manières. Certains traits de caractère humains ne sont pas bons à exprimer en public. Les mauvais traits de caractère conduisent à une mauvaise attitude envers le public. Un mauvais trait de caractère affecte l'esprit de la personne. L'esprit ne dort jamais parce que ce n'est pas un organe physique ou une chose. Au lieu de cela, l'esprit est identifié comme un phénomène surnaturel. Selon la perspective religieuse, les gens considèrent l'esprit comme le centre de la foi et de la pensée intellectuelle. Considérez ceci: « Jésus lui dit: 'Tu aimeras le Seigneur ton Dieu de tout ton cœur, de toute ton âme et de toute ta pensée' » (Matthieu 22 :37). Ici, le corps représente un trait de caractère ou un comportement. L'expression du caractère doit venir de l'esprit. Techniquement parlant, si nous disons que l'esprit est le logiciel, alors le personnage doit être le matériel.

Le caractère d'une personne est le résultat de son propre esprit. Lorsqu'une personne copie le caractère de quelqu'un d'autre, c'est son esprit qui détermine le résultat de cette adoption du caractère. C'est toujours l'esprit qui génère le caractère humain avant de produire quelque chose de nouveau. Le résultat doit être un bon caractère ou un mauvais caractère. Le caractère d'un ange est toujours parfait parce qu'un ange n'a pas de corps humain, quelque chose dont le résultat doit être bon ou mauvais. Le caractère peut être bon lorsque l'analyse de l'esprit est correcte. Les sens d'une personne sont également très importants pour son caractère. « Descartes soutient que nos organes sensoriels humains sont souvent peu fiables en tant que sources de vraie connaissance. ... Mais les informations qui nous parviennent par nos sens peuvent être remises en question et doivent donc être éjectées du panier de pommes » (Robinson et Garratt 2006, 42-3). Ceci sera discuté plus en profondeur plus tard dans Le Rêve des Anges.

Les sens humains ne peuvent pas être la valeur par défaut ici, car il existe de nombreuses preuves montrant que la façon dont un humain pense peut être totalement fausse, ce qui signifie que le caractère de la personne ne sera pas attrayant pour les autres. Le caractère est un miroir de l'esprit de la personne. Chaque personnage a son propre esprit et les deux travaillent en équipe. Le caractère d'une personne peut également être montré dans un rêve. Ce type de rêve a de nombreuses significations possibles, selon la réaction du personnage de la personne. Un rêve n'est pas le résultat d'une perspective scientifique; cela peut aussi venir d'un point de vue religieux. La science et la religion ne travaillent jamais ensemble quand il s'agit du surnaturel. Le rêve des anges est quelque chose que nous concevons comme un exemple de pensée positive car il vient de Dieu seul, alors qu'un rêve humain n'a ni bonne ni mauvaise explication. Cela signifie simplement que nos rêves ne sont pas les rêves d'un bon ange. Comme indiqué précédemment, le but d'un ange dans ce contexte est toujours de donner de bonnes idées qui peuvent aider une personne. Contrairement à cela, les idées d'un être humain ne sont d'aucune aide pour un ange. Ici, nous pensons à un ange comme ayant un esprit positif. Une personne peut maintenir ses sens dans un rêve lorsqu'elle dort. La plupart des choses qu'une personne est capable de voir dans un rêve existent déjà dans le monde physique. Il n'y a rien de nouveau que vous puissiez voir dans un rêve qui n'a jamais existé dans le monde réel. Dans le monde, il y a des choses physiques qui sont déjà faites. Cela inclut les choses du monde naturel, qui représentent la nature de Dieu. J'en discuterai plus loin dans le livre. Le rêve d'un ange transmet ce qui est surnaturel de Dieu à un humain. Le monde surnaturel confond de nombreux scientifiques parce que la science naturelle a déterminé qu'un objet ne peut pas se déplacer dans le monde surnaturel. L'idée d'Isaac Newton était que lorsque l'on jette une pierre en l'air, la pierre tombe toujours, mais c'est la gravité de la terre qui tire la pierre vers le bas. Ainsi, s'il n'y avait pas de terre, une pierre ne tomberait pas vers le bas. Les pierres ne peuvent exister sans la terre. Toutes les choses naturelles sur la terre ont été créées par la terre. Si Dieu disait au pouvoir de recommencer à bouger pour tout recréer, il n'y aurait rien sur cette planète.

Ici, un ange nous parlera du monde surnaturel. Un scientifique a suggéré que certaines personnes pensent que la religion travaille avec le gouvernement pour dicter à la population, mais je crois que la religion nous donne une compréhension claire du monde surnaturel. Comme je l'ai déjà dit, un ange ne dort pas car un ange n'a pas de corps humain pour se fatiguer. Un corps contient beaucoup de choses. Parfois, un corps peut être brisé et endommagé. Cela signifie que le corps est une machine, car c'est une entité physique. Lorsque nous dormons, cela signifie que notre corps est fatigué d'effectuer des activités. De plus, lorsque le cerveau est fatigué de traiter, il se fatigue, surtout le soir. C'est ce qui fait la différence entre un être humain et un ange. Mais l'esprit continue de fonctionner lorsque nous dormons. La fonction corporelle est très différente de la fonction mentale.

Dormir permet au corps humain de se reposer. Après avoir dormi, le corps recommencera à fonctionner, s'engageant dans le même processus que d'habitude du matin au soir. Au contraire, un ange n'a pas besoin de faire tout ce que l'être humain fait tous les jours. Le Rêve des Anges vous présente de nombreuses choses à apprendre. J'ai fait beaucoup de recherches avant de commencer à écrire. Les personnes qui dorment juste après l'exercice sont des personnes qui ignorent la fonction de l'esprit. Il y a beaucoup de choses qui se passent quand une personne dort. Les personnes qui ne peuvent pas dormir ne sont pas nécessairement des personnes mauvaises ou différentes des personnes capables de dormir. L'insomnie ne concerne pas la personnalité ou l'individu, mais la réflexion de la personne sur la façon de faire quelque chose de bien. Dormir aide à rafraîchir la mémoire d'une personne, mais pas son esprit, car l'esprit n'est pas un mécanisme physique qui peut s'arrêter de fonctionner. La machine ne dort pas ; il s'arrête seulement ou s'arrête de fonctionner. Nous ne découvrirons jamais ce qu'il y a dans l'esprit humain car ce n'est pas une machine. Une machine telle qu'un ordinateur a été programmée pour faire ce qu'un humain veut qu'elle fasse, mais l'esprit humain a été créé par Dieu afin que l'humain puisse contrôler le corps physique. Un ange a une communication directe avec Dieu. Quand un ange dort, Dieu n'a pas besoin de l'envoyer pour délivrer un message à un être humain. Ceux qui ont une communication directe avec les anges ont toujours de bons rêves. Chaque personne, lorsqu'elle dort, doit s'attendre à faire un bon rêve. Lorsque le corps humain se sent trop inconfortable pour dormir, le sommeil sera considéré comme inutile car le corps affecte le cerveau mais pas l'esprit. Le corps se confond avec le cerveau. L'esprit humain ne peut pas être comparé à une machine parce que les machines sont créées par des êtres humains à certaines fins.

Un réveil provoqué par un ange est un événement régulier. Lorsque les gens sont éveillés, cela ne signifie pas que leur esprit est également éveillé. L'esprit ne dort pas ; elle ne peut être ni arrêtée ni contrôlée par le corps humain. Les anges sont éveillés à tout moment pour faire les bonnes choses pour les gens, pas pour détruire les gens. L'esprit humain ne garantit pas à une personne qu'elle ne fera pas d'erreurs de pensée. Lorsqu'une personne atteint le point où elle ne fait aucune erreur, elle devient Dieu avec un D majuscule (parce qu'un petit dieu prend un g minuscule). Les petits dieux font des erreurs. Un petit dieu est fait soit par Dieu, soit par les humains. Dans un réveil provoqué par un ange, l'ange est toujours d'un bon état d'esprit pour communiquer avec la personne en question. L'éveil de l'esprit d'un être humain est basé sur les principes de Dieu. Dieu est la seule solution. La plupart des réveils humains se produisent dans le contexte de la religion ou d'un mouvement politique. Lorsqu'il s'agit d'éveiller l'esprit humain, il est très important qu'un ange de Dieu communique avec l'humain. Ce type de réveil est très différent du sommeil physique et de la période juste après le réveil d'une personne. C'est un réveil spirituel qui, dans de nombreux pays, sonne l'alarme que quelque chose de nouveau va se produire dans ce pays ou dans le monde. L'ange est très sympathique envers l'esprit de l'être humain qui subit l'éveil, pour accomplir correctement la mission. L'éveil mobilise l'esprit humain pour se concentrer sur l'objectif qui a été stocké dans l'esprit. « Le problème corps-esprit a certainement exercé une grande influence sur l'esprit de la plupart des philosophes du 17e siècle » (Robinson et Garratt 2006, 127). L'éveil ne peut se produire que s'il existe une coopération entre l'esprit et le corps, ce qui entraîne une bonne action à la fois du cerveau et de l'esprit. Il n'y a pas de confusion entre le cerveau et l'esprit. Cela aide le corps à se mobiliser et à s'activer après avoir reçu le signal du cerveau. La mentalité a également un grand rôle à jouer dans le fonctionnement du corps. S'il s'agit d'une déclaration vraie, cela signifie également qu'un ange a un esprit positif car Dieu est le Créateur de tout. Ceci sera discuté plus tard pour fournir des éclaircissements par rapport à la science. Si Dieu n'existait pas, à quoi ressemblerait le monde? Il n'y aurait ni naissance ni mort. A l'éveil, la mentalité de l'esprit humain ne sera jamais constante car beaucoup de choses se passent.

CHAPITRE 1

Qui est un Ange?

J'ai l'intention d'être réaliste dans ce chapitre sur les anges. Je sais que j'entremêle la philosophie et la psychologie à plusieurs reprises dans Le Rêve des anges en remettant en cause les idées de plusieurs philosophes et psychologues. Dans la philosophie de la religion, en particulier dans le christianisme, de nombreux anges existent, mais seuls quelques-uns ont une identité claire. Seuls trois anges sont identifiés par leur nom dans la Bible. Dans le livre sacré du judaïsme et du christianisme, l'ange qui désobéit à Dieu avant le déluge au temps de Noé est décrit comme un ange déchu qui incarne le mal (Genèse 6). Au temps du roi Nabuchodonosor, Gabriel est présenté:

Et j'ai entendu la voix d'un homme entre les rives de l'Ulai, qui a appelé et a dit: "Gabriel, fais comprendre la vision à cet homme." (Daniel 8:16)

Michel l'archange apparaît plus tard dans Daniel 10:13:

Mais le prince du royaume de Perse me résista vingt et un jours ; et voici, Michel, l'un des principaux princes, vint m'aider, car j'étais resté seul là-bas avec les rois de Perse.

Lucifer est l'ange déchu:

Comme tu es tombé du ciel, ô Lucifer, fils du matin ! Comme tu es rasé, toi qui as affaibli les nations ! (Esaïe 14 :12)

Les écritures chrétiennes reconnaissent qu'il existe d'innombrables autres anges:

Mais vous êtes venu au mont Sion et à la ville du Dieu vivant, la Jérusalem céleste, à une compagnie innombrable d'anges. (Hébreux 12:22).

Lorsque nous pensons aux anges, nous nous référons automatiquement à Dieu. Ceux qui ne croient pas en Dieu peuvent penser à des choses différentes. Dans mes recherches sur ce que les autres pensent de Dieu et du surnaturel, j'ai trouvé ceci: « Il n'y a aucune bonne preuve historique que [Jésus] ait jamais pensé qu'il était divisé » (Dawkins et

Ward 2006, 117). Beaucoup de gens nient l'existence de Dieu pour de nombreuses raisons, y compris les convictions de leur foi. Je crois que beaucoup de gens détestent entendre parler de l'existence de Dieu, mais sans l'existence de Dieu, le reste de la création peut également être ignoré. Quand nous voyons l'univers, toute la création, et considérons comment nous respirons, surtout quand nous mourons et que notre corps s'arrête travailler, chacun de nous devrait penser qu'il y a quelqu'un là-haut qui nous contrôle et tout le reste dans le monde. Il n'existe aucune expérience scientifique convaincante qui puisse prouver que ce monde a été créé par lui-même avec tout ce qu'il contient. Aucun ange, aucun démon, aucun être humain, mais la religion apporte une certaine idée de Dieu. La religion et la politique travaillent ensemble pour le bien de la population; ce sont les principaux systèmes d'organisation pour conduire la population dans le bon sens. Il n'est pas nécessaire de mettre de côté les deux systèmes d'organisation simplement parce qu'il n'y a pas de Dieu. Nous ne pouvons ignorer le passé avant de passer au présent et au futur. Lorsque des preuves sont acceptées par plus de trois personnes, ces preuves doivent être reconnues, car ces trois personnes ne sont pas des animaux.

La réponse de Descartes est un peu un compromis et repose sur un appel à la bonté de Dieu une seconde fois. Il est convaincu qu'au moins ces idées claires et distinctes qui entrent dans notre esprit au sujet des objets matériels doivent refléter une certaine forme de réalité extérieure. (Robinson et Garratt 2006, 84).

De même que l'univers et de nombreuses manifestations de la création ont des formes et des couleurs, un être humain a également une forme, ainsi que les animaux. Tous ces éléments sont basés sur Dieu car l'esprit humain peut percevoir les formes ou les couleurs parfaites. Dieu ne fait pas d'erreurs, seuls les êtres humains et les animaux font des erreurs. Les erreurs ne viennent ni de Dieu ni des anges. Un ange relaie simplement les messages qui viennent de Dieu. Angel fait référence à l'un des messagers surnaturels de Dieu, car l'ange ne vient pas d'un être humain. Dieu et les anges ne vivent pas à l'endroit où les êtres humains construisent (Jean 4:24).

Si Dieu est esprit, alors, pour le comprendre lui et les anges, nous devons comprendre la spiritualité. J'ai vu que beaucoup de gens croient en Satan et aux démons, mais ils ne croient pas en Dieu et aux purs anges de Dieu (Ina Société 2014). C'est une question de doute. De nombreuses personnes utilisent le doute sur un sujet pour les aider à réfléchir à leurs raisons, tandis que d'autres utilisent le doute sur un sujet pour les aider à penser positivement. Un doute peut naître du fait de n'avoir aucune expérience de quelque chose dans la vie. Quand il y a une idée négative, il y a aussi une idée positive, car vous pouvez constater qu'une bonne personne a aussi des caractéristiques négatives. Si vous trouvez une personne parfaite dans votre vie, cela signifie que votre esprit est biaisé d'une manière ou d'une autre. Dieu nous a fait comprendre le bien et le mal, ce qui est aussi représenté par l'idée des anges et des démons. Si quelque chose est mauvais, nous l'appelons mauvais ; quand quelque chose est bon, nous l'appelons angélique. Cette idée vient d'une erreur que nous avons commise et aussi du bon ou du mauvais résultat que nous avons obtenu. Lorsque nous regardons la religion, nous devons également réfléchir à sa philosophie afin d'arriver à une pleine compréhension. Étant donné que la religion a été faite par des êtres humains, la religion doit avoir à la fois du mal et du bien.

Le rêve d'un être humain ne peut jamais être le même que le rêve d'un ange. Un ange pense différemment d'un humain, et un ange fait des choses différentes de ce qu'un être humain fait, parce que les pensées d'un ange sont parfaites. L'état d'esprit d'un ange est toujours positif plutôt que négatif, car l'ange fait des choses qui viennent de Dieu et Dieu est saint à jamais. Je crois que personne ne peut nier l'existence de Dieu. Si cette affirmation est vraie, cela signifie qu'il doit y avoir du bien et du mal. Il n'est pas nécessaire de s'en tenir à un seul côté, négatif ou positif. Même les athées, lorsqu'il s'agit de soutien émotionnel, prononcent le nom de Dieu ou de Jésus dans leur esprit sans hésitation. Le rejet de la religion dans l'esprit des gens n'affecte pas la façon dont les gens pensent de Dieu. Accepter Dieu dans l'esprit et les émotions signifie que Dieu est réel, et que les anges de Dieu sont réels, et que les démons sont également réels - tout dépend de la façon dont une personne y pense. Je soutiens que les anges et les démons (ou le bien et le mal) dans l'esprit humain ne doivent pas être négligés, car le résultat de cela est démontré en termes de caractère, basé sur l'esprit et les actions d'une personne. J'en parlerai davantage dans le chapitre traitant du personnage.

Lorsque les aspects positifs et négatifs interagissent pour donner un bon signal, ils acceptent de réaliser quelque chose qui peut les aider tous les deux. En revanche, lorsque les deux ne s'entendent pas pour fonctionner ensemble, il n'y aura pas un bon résultat. Ces expériences démontrent que la communication est très importante pour obtenir un bon résultat dans l'esprit humain. La vraie nature mathématique de quelque chose est perceptible par l'esprit seul (Robinson et Garratt 2006, 85). Descartes a déclaré: « Pour moi, l'esprit humain sera toujours fini et capable d'erreur, seul Dieu peut avoir ce genre de capacité mentale infinie » (Robinson et Garratt 2006, 69).

Un ange est un très bon moyen pour Dieu de communiquer avec les êtres humains, tout comme notre esprit peut communiquer avec la pensée. Les gens pensent souvent aux anges lorsqu'ils rencontrent quelque chose qui leur est difficile à gérer, puis ils cherchent un ange qui leur apparaît avec un bon message ou une bonne solution. Dans les cimetières, de nombreuses personnes choisissent de mettre une image d'un ange sur la tombe ou la pierre tombale même si la personne décédée ne croyait pas en Dieu avant de mourir. Cela montre que les êtres humains savent instinctivement qu'il y a quelqu'un qui est plus puissant qu'eux. Une fois, je voyageais en avion, et quand nous avons atteint une zone montagneuse, l'avion a commencé à trembler. Tous les passagers ont commencé à dire: « Dieu, Dieu » et « Jésus ». Si Dieu n'existait pas, ces gens n'auraient pas invoqué le nom de Dieu ou le nom de Jésus. Je ne pense pas que tout le monde dans cet avion était chrétien !

Comment les gens peuvent-ils aujourd'hui comprendre l'intervention des anges ? Lorsque nous parlons des anges, nous reconnaissons la présence de Dieu dans nos vies. La présence d'un ange n'est pas gênante car sa présence apporte de bonnes idées importantes à l'esprit humain. Il n'y a pas de bonnes solutions en dehors de la solution de Dieu, et le doute humain est l'une des choses qui bloque les solutions de Dieu. Les anges représentent l'aspect surnaturel de Dieu; il n'est pas nécessaire de le nier. La plupart des philosophes croient en Dieu et s'accordent sur l'existence de Dieu. Au XVIIe siècle, Descartes, un philosophe catholique, a apporté de nouvelles idées sur le christianisme aux travaux de philosophes tels qu'Aristote (384-322 av. J.-C.) (Robinson et Garratt 2006, 13). Cette philosophie est en usage chez les catholiques depuis des siècles. Pourquoi ne pas soutenir ces idées si elles sont justes, plutôt que de tourner en rond ?

Je crois qu'un message d'un ange, et non un message d'un démon, peut m'aider. Je crois qu'il n'y a jamais eu de bon démon - le message du démon est destiné à détruire le message de Dieu et le plan de Dieu pour la vie humaine. L'idée que les anges existent frustre les humains car c'est une idée qui peut causer des problèmes dans la vie des gens. Nous vivons dans un monde de nombreuses cultures différentes et de nombreux choix différents où deux cultures ne peuvent pas communiquer l'une avec l'autre pour le bien de leurs principes. Je crois que la plupart des cultures n'aiment pas que l'État soit mêlé aux principes de la religion. Ce n'est pas une mauvaise idée pour le gouvernement de communiquer avec les chefs de la religion qui contraint la population dans le pays. L'une des raisons pour lesquelles le gouvernement devrait faire confiance à une bonne religion est qu'il sait que Dieu a fait confiance aux êtres humains à travers Jésus-Christ, son Fils, et la religion est un lieu commun pour les gens de la communauté. Aussi, là où la religion chrétienne est pratiquée, il y a des anges avec le peuple. C'est une autre raison pour laquelle le gouvernement a besoin de l'aide des organisations religieuses. Je n'essaie pas d'être religieux ici; Je suis réaliste selon la philosophie de la religion.

Un ange fait partie intégrante de l'histoire de Manny Pacquiao, un boxeur des Philippines. Quand j'ai lu comment Dieu lui avait rendu visite dans un rêve, cela m'a surpris (Ellis 2018). Après s'être amusé à boire de la bière et à sortir avec de nombreuses femmes différentes, Pacquiao s'est vite rendu compte que sa petite sœur, restée aux Philippines, n'était pas en mesure de payer ses frais de scolarité. Il a instantanément changé sa vie. Mais l'ange qui lui avait parlé était toujours avec lui. Manny a déclaré que Dieu lui avait parlé, lui demandant: « Mon enfant, mon enfant, pourquoi t'es-tu égaré ? (Ellis 2018). Il a définitivement compris que Dieu lui avait parlé dans le rêve.

De temps en temps, Dieu parlait aux gens par l'intermédiaire de ses prophètes: « Dieu, qui à diverses époques et de diverses manières a parlé aux pères par les prophètes » (Hébreux 1:1). Parfois, il n'est pas nécessaire qu'un ange cherche un prophète avant de relayer un message de Dieu. « Et nous avons entendu cette voix qui venait du ciel quand nous étions avec lui sur la montagne sainte » (2 Pierre 1:18). C'est l'une des preuves qu'un ange n'a pas à communiquer directement avec une personne à travers un rêve, mais que Dieu lui-même parle parfois directement aux gens. La religion n'est pas une mauvaise chose à avoir dans son pays. Beaucoup de gens blâment la religion pour divers maux sociaux. Pour mieux comprendre la religion, je vous recommande de lire mon livre African Inter-religious Dialogue: Philosophy and Theology. La religion n'a pas été faite pour détruire les gens. La religion concerne la croyance des gens. La religion doit être respectée par le gouvernement du pays dans lequel la religion est basée.

Un ange ne viendra jamais détruire le gouvernement. Au lieu de cela, un ange met un gouvernement à l'aise. Le sens d'un être humain est toujours différent de celui d'un ange. Quand nous pensons aux résultats que les êtres humains obtiennent, nous voyons qu'ils sont toujours différents de ce que l'ange avait en tête. Il n'y a aucune comparaison entre l'esprit humain et l'esprit d'un ange. Les choses du monde surnaturel et les choses de ce monde ne peuvent jamais être les mêmes. Il y a aussi une différence entre Dieu et l'humanité. « Dieu est Esprit, et ceux qui l'adorent doivent l'adorer en esprit et en vérité » (Jean 4:24). De plus, personne n'a la capacité de voir l'esprit humain. Même ainsi, l'esprit ne se cache pas quelque part; c'est encore une autre chose surnaturelle à l'intérieur de chaque être humain. Même les mathématiques ne parviennent pas à identifier l'esprit humain et sont incapables de trouver où il réside. De nombreux psychologues et thérapeutes s'efforcent de connaître l'esprit humain, mais leurs expériences échouent parce qu'ils ne peuvent pas trouver ce qu'il y a à l'intérieur de l'esprit humain. Ce fait est que sur cette planète, il n'y a personne qui soit capable de connaître les pensées d'une autre personne en dehors de Dieu. Les scientifiques ne peuvent essayer de découvrir le caractère d'une personne qu'en utilisant de nombreuses techniques. Même ainsi, il est encore difficile d'identifier le caractère entier d'un être humain. Les choses qu'une personne dit ne reflètent pas exactement ce qui est dans son esprit parce que l'esprit humain présente toujours une erreur.

La mentalité d'un être humain est basée sur les mathématiques, alors que la mentalité d'un ange est basée sur Dieu. Cela montre que Dieu est le créateur des mathématiques. Dieu a établi ses règles pour toute la création, qu'il a créée. Il a été dit que « personne ne sait vraiment ce que sont les mathématiques, et certains mathématiciens eux-mêmes n'en sont pas très sûrs. Il n'est toujours pas clair si les mathématiques sont quelque chose que nous inventons ou quelque chose dont nous avons parlé » (Robinson et Garratt 2006, 90). L'être humain est fait des mathématiques de Dieu; c'est l'un des points de confusion qui contraint les nombreux scientifiques qui ne croient pas en l'existence de Dieu. Toutes les expériences scientifiques peuvent être basées de manière fiable sur les mathématiques de Dieu.

Il est juste de considérer le message qu'un ange délivre à une personne de la part de Dieu. Les anges transmettent de bons messages aux gens. Dieu a déjà programmé ses mathématiques pour qu'elles fonctionnent de manière appropriée pour l'être humain. Prenez l'ordinateur comme exemple, ou la technologie, pour laquelle Dieu permet à chaque être humain de développer des connaissances. Comme nous le savons, l'intelligence de chaque être humain vient à l'origine de Dieu. Lorsque les humains ont créé l'ordinateur, c'était pour que l'ordinateur puisse faire le travail d'un humain, pas pour qu'un humain puisse faire le travail de l'ordinateur. Calculer, c'est aussi calculer. Le travail d'un ordinateur est d'effectuer tout ce que l'humain veut qu'il fasse et non l'inverse. Si l'ordinateur est basé sur des calculs, alors Dieu doit être le créateur des mathématiques surnaturelles. Il est injuste pour un être humain d'ignorer l'œuvre de Dieu. Honnêtement, lorsqu'une personne ignore les expériences des autres, elle ne sera pas considérée dans la société. Il n'y a rien de nouveau dans ce monde; tout a été développé d'une manière ou d'une autre. Les générations changent. Quand vient le temps pour nous de poser des questions, c'est quand une nouvelle génération verra le jour. Cette réponse finira par reconnaître le nom de Dieu, que ce soit verbalement ou dans l'esprit humain.

J'ai rencontré beaucoup de gens dans le monde qui ont de grandes fortunes, des gens qui sont des génies pour compter leur argent. Ils semblent avoir des ordinateurs dans la tête, comme en témoigne leur capacité à mémoriser les dettes qui leur sont dues par les gens. De plus, ils connaissent chaque date à laquelle une personne paie ses dettes sans avoir à tenir un cahier pour enregistrer les paiements. Ces personnes n'utilisent même pas un système informatique pour enregistrer les dettes qui leur sont dues par d'autres. Une fois, j'ai demandé à l'une de ces personnes comment elle était capable de mémoriser toutes ces informations. Elle m'a dit qu'elle le faisait automatiquement dans sa tête.

Dieu donne à beaucoup de gens la capacité de calculer avant même d'étudier les mathématiques. L'esprit humain a la capacité de contrôler tous les mouvements du corps tout comme une télécommande a la capacité de dicter les actions d'un téléviseur. L'esprit humain contient les mathématiques de Dieu. L'esprit d'un ange est déterminé directement par Dieu. Les anges sont constamment, à plein temps, à propos de l'œuvre de Dieu. Un ange ne fait pas ce que fait un être humain car le monde surnaturel empêche l'ange d'exécuter ce qui passe d'un être humain à Dieu. Le rêve d'un ange n'échoue jamais parce qu'un ange ne dort pas. Les anges sont toujours autour de ceux qui craignent Dieu, comme le dit la Bible: « L'ange du Seigneur campe tout autour de ceux qui le craignent, et les délivre » (Psaume 34 :7). Tout le monde a son propre ange qui les soutient et les aide de manière surnaturelle. On entend toujours deux voix différentes avant de faire quelque chose. L'une de ces voix suggère la bonne chose à faire, et l'autre suggère la mauvaise chose à faire, avant que la personne ne prenne une décision. La mentalité humaine échoue lorsque le résultat ne répond pas aux besoins de la personne. Chaque individu a le droit de faire des erreurs dans sa vie. Les anges ne font pas d'erreurs parce que les anges sont des êtres surnaturels qui apportent de bonnes nouvelles de Dieu et les transmettent aux gens. Les anges sont toujours au service de Dieu et au service des êtres humains lorsqu'ils communiquent quelque chose de juste. Le message d'un ange n'aidera que les personnes qui attendent le message. « Et voici, un ange du Seigneur se tenait devant eux, et la gloire du Seigneur resplendissait autour d'eux, et ils avaient très peur » (Luc 2:9). Le message d'un ange est toujours clair et vrai.

Un ange, étant toujours en relation avec Dieu, sait ce qui va arriver dans la vie d'une personne. Lorsqu'un ange protège un être humain, le devoir de l'ange est toujours réaliste envers cette personne, pour s'assurer qu'il ou elle est bien et émotionnellement et physiquement en sécurité. Seul Dieu peut rendre possible la communication directe entre l'esprit d'une personne et l'esprit d'un ange. L'esprit d'un ange est très différent d'un esprit humain. Un ange pense différemment parce que les anges reçoivent des informations directement de Dieu. Pourtant, cela ne signifie pas que l'ange joue le rôle de médiateur entre Dieu et un être humain. Le christianisme dit qu'il n'y a qu'un seul Dieu: « Car il y a un seul Dieu et un seul médiateur entre Dieu et les hommes, l'Homme Christ Jésus » (1 Timothée 2 :5). Selon le christianisme, le seul médiateur est Jésus-Christ. L'islam croit que le médiateur est le prophète Mahomet. Les gens de certaines confessions chrétiennes, comme le catholicisme, croient en Jésus et les saints, comme Marie, la mère du Christ. Les personnes de religion chrétienne croient en Dieu, ce qui est différent des croyances des personnes qui adhèrent à certaines autres religions qui croient aux dieux. Les dieux suggèrent aux êtres humains de leur faire confiance plutôt que de faire confiance à Dieu, qui leur est supérieur.

L'esprit humain est toujours concentré sur ses propres résultats. Le caractère d'une personne peut être identifié après que les résultats d'une personne ont été traités par l'esprit. Identifier le caractère d'une personne est très important car cela nous aide à connaître l'état d'esprit de l'individu. Une personne devient joyeuse lorsqu'elle identifie un ange dans sa vie. Cette joie affecte toute personne ayant un mauvais caractère.

Seul un ange ne peut pas dormir par rapport à l'Esprit de Dieu. C'est une autre différence entre le caractère de l'humanité et le caractère des anges. L'une des choses importantes à savoir sur les anges est qu'ils ne sont pas intéressés par les choses de ce monde. Si un ange s'intéresse aux choses de ce monde, alors cet ange a le potentiel d'être très nocif pour les êtres humains, et le caractère de l'ange affectera le caractère de l'humain. Dieu a créé les anges pour avoir des désirs différents et un corps différent de celui des êtres humains. « Le problème avec la dualison cartésienne est toujours que les mondes mental et physique semblent tellement différents » (Robinson et Garratt 2006, 126). Les anges ne peuvent vivre dans aucune loi basée sur l'esprit humain. C'est parce que l'esprit humain est très corruptible, alors que l'esprit d'un ange est incorruptible.

Un ange ne peut appartenir à aucune religion, communauté, pays ou continent, mais un ange appartient à Dieu dans le but de servir l'humanité. Le rêve d'un ange est de servir Dieu d'abord parce que Dieu est la source du message qui doit être transmis à l'humanité. Dieu communique avec les êtres humains de plusieurs manières. Dieu envoie ses anges pour donner des messages directs. Presque tout le monde dans le monde préférerait recevoir la visite d'un ange, car une telle visite rend une personne d'humeur différente. La conscience humaine a besoin d'avoir une connexion avec un ange si la personne veut être de bonne humeur.

Le corps humain peut être affecté par la maladie lorsqu'il y a une infection. Un ange n'a pas de corps physique. Parce que le corps humain a besoin des matériaux physiques de ce monde, le seul moyen pour un ange de contacter un humain est de passer par l'esprit. Encore une fois, un véritable ange peut communiquer avec un être humain de manière appropriée. Une visite d'un ange imprègne la vie d'une personne d'un bon sens de la spiritualité. L'esprit humain a besoin d'être connecté à l'esprit humain. Pour qu'un ange se connecte à un humain, l'ange doit être dans un corps physique, mais ce corps ne peut pas ressembler à un objet fabriqué par un humain. Ce doit être une création naturelle faite par Dieu. Mais un ange de Dieu ne peut pas prendre la forme d'un animal. « Alors le Seigneur ouvrit la gueule de l'ânesse, et elle dit à Balaam : Qu'est-ce que je vous ai fait, que vous m'ayez frappé ces trois fois ? » (Nombres 22 :28). Ici, un animal a vu l'ange qui est apparu à Balaam, mais l'ange n'a pas vu l'animal. Lorsqu'un ange est perçu directement dans le monde physique, il doit être compris différemment. Un ange ne peut jamais habiter dans un animal. Si une telle chose était possible, alors chaque zoo serait rempli d'êtres surnaturels. Beaucoup de gens ont leur propre foi et leurs propres croyances. Certaines de ces croyances sont basées sur le règne animal. Il y a longtemps, j'ai eu une conversation avec un collègue de ma classe de théologie sur le règne animal. Cela m'a aidé à comprendre ce que les autres pensent du règne animal.

« Hegel montre que le problème de l'individualité existe même pour les plus instruits d'entre nous. C'est juste l'instinct animal sur toute la ligne » (Guerrero 2006, 64). Au début, de nombreuses personnes effectuaient des sacrifices rituels d'animaux, sacrifiant des animaux à leurs dieux. Si cela est vrai et que ces gens pensaient que les anges pouvaient être transformés en animaux, je crois qu'ils n'auraient pas eu la capacité de penser à tuer les animaux car on ne peut tuer ni un ange ni un animal. Un être humain n'a ni le pouvoir ni la capacité de créer quelque chose de naturel ; un être humain ne peut créer que quelque chose d'artificiel. Dieu a déjà créé tout ce dont les êtres humains ont besoin pour se développer. Un être humain copie ce que Dieu a déjà fait, puis le suit et l'interprète de différentes manières. Dans l'émission du matin BBC Breakfast en 2018, il y avait un long métrage intitulé "Cat Bird". Les gens prenaient des photos de chats et chantaient la chanson du chat. De vrais oiseaux-chats, suivant le son de la chanson ressemblant à un sifflet, s'approchaient des personnes qui imitaient la chanson, puis ces personnes prenaient des photos d'eux. Cela ne signifie pas que ces gens adoraient les oiseaux-chats comme des dieux. L'un des photographes a déclaré: « C'est juste intéressant de prendre des photos. » Les animaux sont pris en considération par la conscience humaine même lorsque les animaux ne sont pas très impressionnants. Un ange n'a pas besoin d'impressionner les gens pour que les gens l'adorent (Daniel 10). Un ange apprécie les humains lorsque Dieu l'envoie pour délivrer un message à une personne en particulier. L'ange peut comprendre la personnalité de la personne à qui Dieu souhaite transmettre le message, mais l'humain ne comprend pas toujours la valeur qu'un ange de Dieu ajoute à la vie d'un être humain. Un ange n'a pas besoin d'être adoré par un être humain. L'esprit humain panique souvent lorsqu'il est en présence d'un ange. C'est une présence surnaturelle, quelque chose de très différent dans le monde, surtout quand l'ange apparaît comme quelque chose qui n'existe pas dans ce monde. Un ange ne peut apparaître à une personne que lorsqu'elle a un message de Dieu. De plus, un ange est toujours avec la personne, surtout lorsque la personne fait quelque chose qui est agréable à Dieu.

Certaines personnes peuvent voir les anges autant qu'elles le souhaitent parce qu'elles ont une bonne relation avec Dieu. De plus, lorsque les gens font quelque chose qui leur vaut la faveur de Dieu, la grâce de Dieu sera sur eux. Dieu envoie ses anges partout dans le monde pour transmettre ses messages aux personnes qu'il souhaite utiliser dans un certain but. Dieu ne regarde pas l'apparence d'une personne avant de décider de lui envoyer un ange. « Mais le Seigneur dit à Samuel: 'Ne regarde pas son apparence ni sa stature physique, car je l'ai refusé. Car le Seigneur ne voit pas comme l'homme voit ; car l'homme regarde à l'extérieur, mais le Seigneur regarde au cœur' » (1 Samuel 16:7). Si Dieu ne considérait pas le cœur, alors il ne serait pas Dieu et n'aurait pas la capacité d'être le Créateur de tout et de tous les hommes.

Une personne n'a l'opportunité de voir un ange que lorsque Dieu décide de faire briller sa grâce sur cette personne. Beaucoup de gens veulent voir des anges physiquement quand ils le souhaitent, mais c'est à Dieu d'en décider. Dieu peut aussi décider d'envoyer un ange à une personne pour lui permettre de penser à la miséricorde de Dieu. Beaucoup de gens savent qu'un ange de Dieu peut leur apparaître dans un rêve, lorsque leur esprit est éveillé. Un ange ne peut cependant pas apparaître à une personne décédée. Les morts ne peuvent plus vivre dans ce monde, il n'est donc pas nécessaire qu'un ange leur apparaisse. « Il n'est pas le Dieu des morts, mais le Dieu des vivants. Vous vous trompez donc grandement » (Marc 12 :27). Un humain cessera de vivre, mais l'esprit et l'âme resteront vivants. Les êtres humains ne sont pas éternels. Chaque humain cessera d'être en vie. On sait que si une personne arrête de respirer, son corps cessera de bouger. Le rêve d'un ange pour une personne ne peut pas être empêché tant que cette personne est encore en vie. Certaines personnes dans le monde ne reconnaissent Dieu que lorsque quelque chose de mal arrive dans leur vie. Ces personnes ignorent également Dieu lorsqu'elles sont heureuses d'avoir accompli quelque chose qu'elles espéraient accomplir. Les êtres humains doivent se concentrer sur les bonnes choses du monde en faisant les bonnes choses aujourd'hui afin que d'autres puissent prendre le relais à l'avenir plutôt que de se concentrer sur des expériences inutiles. Le devoir d'un ange est de diriger une personne sur le chemin de Dieu. Le chemin de Dieu n'est jamais faux. C'est un chemin qui a été construit pour réorienter une personne et la conduire dans la bonne direction une fois qu'elle s'est perdue. Le chemin de Dieu n'est pas matériel; c'est un chemin fiable qui est très différent des autres chemins.

Le rêve d'un ange ne peut être accompli que lorsque l'humain auquel le rêve est destiné reçoit le message de l'ange avec respect. Le genre d'un ange est toujours mentionné au masculin selon la Bible et le Coran. Vraiment, il n'y a ni anges féminins ni anges masculins.

Tout comme Dieu n'a pas créé les êtres humains avec le mauvais sexe, il n'existe pas d'ange transgenre. S'il y avait des anges transgenres, alors les religions auraient tort, mais Dieu ne peut pas se tromper dans son imagination.

Le choix d'un être humain est toujours différent du choix de Dieu. Un bon choix doit avant tout vous mettre à l'aise. En 2020, de nombreuses personnes transgenres se sentent mal à l'aise d'utiliser les toilettes publiques. Si une femme transgenre utilise les toilettes des femmes, il est souvent évident pour les autres femmes dans ces toilettes qu'elle était du genre masculin. Il y aura probablement à l'avenir des toilettes pour les personnes transgenres. Un être humain a le choix de ne se satisfaire que de lui-même, mais ce choix peut ne pas satisfaire Dieu. Dieu ne prend pas de décisions pour les gens, mais il prédestine les décisions des gens. De nombreuses femmes sont violées par des femmes transgenres lorsqu'elles sont mélangées, comme en prison et/ou dans d'autres endroits de la communauté. Même les personnes qui vivent dans des pays où les droits humains sont respectés doivent y réfléchir à deux fois car la personne transgenre est une personne qui pense que le choix de Dieu est inacceptable. Si Dieu avait tort, il pourrait y avoir des anges transgenres.

Si Dieu a créé un ange transgenre, alors les religions du monde devraient le confirmer publiquement. Nous trouvons la perspective chrétienne dans Genèse 1:26; 2:18, 22-25, et nous voyons aussi dans Matthieu 4-6 l'idée que Dieu est parfait.

Les êtres humains ont des idées négatives pour diminuer le dessein de Dieu dans le monde. Les visions de beaucoup de gens sont inacceptables pour eux à moins qu'un ange ne leur délivre un bon message de Dieu. Parfois, des personnes comme celle-ci accepteront le message s'il correspond à leurs choix. Un ange ne peut délivrer que le message qui vient de Dieu. Aussi, c'est le choix de Dieu d'envoyer un message à toute personne. Un ange ne peut transmettre à une personne transgenre qu'un message pour devenir une personne non transgenre. Si Dieu est un Dieu parfait et juste, alors le choix d'être transgenre n'est pas acceptable selon sa Parole (voir Genèse 1:26; 2:18, 22-25).

Les êtres humains ont le pouvoir de choisir, qui leur a été donné par Dieu. Un ange ne peut pas faire un choix pour une personne; un ange ne peut que donner une bonne direction à une personne. La direction qu'un ange donne à un être humain est toujours accompagnée d'un message et d'une direction de Dieu. Un message d'un ange aide un être humain à penser positivement. L'esprit d'un ange peut travailler avec l'esprit d'un être humain d'une manière spirituelle. Chaque fois qu'une personne a besoin d'entendre le message de Dieu, elle doit avoir une bonne connexion spirituelle avec Dieu. Dieu ne trace pas de ligne entre lui et un humain et dit que l'humain ne doit pas franchir cette ligne. Il a besoin de communiquer avec l'humain soit en relation avec un ange, soit sans ange. Le but du message de l'ange est de profiter au destinataire du message. Cet avantage sera encore plus intéressant pour Dieu lorsqu'une autre personne en bénéficiera. Un message de Dieu aide une personne non seulement spirituellement mais aussi physiquement. C'est parce que l'aide de Dieu ne se limite pas seulement au domaine spirituel.

Une autre façon de déterminer que le message a aidé une personne est lorsqu'il produit de bons fruits. Encore une fois, le message de Dieu aide une personne avec toute sa famille, et parfois profite au monde entier. Afin de délivrer un message au monde entier, l'ange le délivrera d'abord à une seule personne (Juges 6 :11–27). Pour sauver plusieurs personnes, il vaut mieux commencer par une seule personne. C'est le plan de Dieu. Son plan n'échouera jamais, alors que les plans humains échouent. Un être humain ne peut pas être Dieu parce que Dieu est illimité, alors qu'un être humain n'a que « deux sources de connaissance: nos sens et la raison » (Robinson et Garratt 2006, 41). Même si les êtres humains ont des sens multiples, ils ont toujours la mémoire courte et un raisonnement incertain. Dieu a dit que les êtres humains devraient se multiplier et prospérer. Avec ces mots, Dieu a béni l'humanité, mais les humains ont la mémoire courte et la raison d'essayer de penser à quelque chose de mieux. L'esprit humain sera discuté plus en détail dans le prochain chapitre pour une compréhension plus claire.

En ce qui concerne les signaux biologiques, nous sommes en mesure d'identifier deux types de signaux dans le cerveau humain: positifs et négatifs. Un ange est capable de savoir quand Dieu veut envoyer un message à quelqu'un. Aussi, que ce soit par l'intermédiaire d'un ange ou sans ange, Dieu est capable d'identifier l'état mental de la personne à qui le message sera délivré. Être un ange ne signifie pas nécessairement être de couleur blanche. Un ange peut apparaître sous de nombreuses formes différentes à un être humain. Un ange peut apparaître grand ou petit, ou blanc, noir ou rouge en race. L'important est que l'ange travaille avec l'humain pour la gloire de Dieu.

Le rêve d'un ange n'aura pas de fin tant que Dieu existe. Dans le domaine surnaturel, il n'y a aucun doute dans l'esprit de l'ange. Dieu sait comment et quand envoyer son ange à une personne ; par conséquent, le chrétien croit aux miracles. Un miracle n'est pas artificiel mais est toujours naturel parce que Dieu ne vit pas dans un endroit qui a été créé par des êtres humains (Actes 7 :48-49). De plus, lorsqu'un ange apparaît une fois à une personne, cela ne signifie pas que la personne restera sainte pour le reste de sa vie. Si tel était le cas, alors tout le monde resterait saint après l'apparition d'un ange. Beaucoup de gens sont confus au sujet de la sainteté, pensant qu'une personne sera pure et sainte pour le reste de sa vie après avoir vu un ange physiquement dans un bon état d'esprit.

Le rêve d'un ange ne décourage jamais la personne à qui le rêve est destiné. Le seul type de rêve qui peut décourager une personne est le genre de rêve dans lequel Dieu envoie un ange pour avertir la personne. Les humains sont très matérialistes parce que ce monde est basé sur la physicalité. Ce monde physique est capable de présenter aux êtres humains uniquement des pensées négatives car il est basé sur du matériel. Tout le monde veut aller au paradis, mais personne ne veut mourir.

C'est une preuve solide du matérialisme comme je l'ai mentionné précédemment. Les êtres humains ressentent le besoin de se concentrer sur tout ce qui se passe dans ce monde. D'un autre côté, le matérialisme n'a aucun attrait pour un ange parce qu'un ange considère le royaume spirituel comme plus important que ce monde physique. Un ange rend gloire à Dieu dans chaque œuvre qu'il accomplit pour Dieu. Chaque fois que Dieu envoie un ange en mission, la mission réussira parce que Dieu a déjà calculé comment la mission peut être accomplie. Le but d'un ange est très bon parce que les anges remplissent toujours les exigences de Dieu.

L'esprit d'un ange ne fait aucun doute. De plus, la mission de Dieu ne peut être mise en doute ni par un ange ni par un humain. L'intelligence d'un ange est basée sur la compréhension et l'intelligence de Dieu. Personne ne peut rêver d'un ange à l'insu de Dieu. Dieu doit d'abord connaître le but d'une personne avant d'établir un lien avec ce que la personne désire. Un ange est réel dans l'esprit humain. Lorsqu'une personne rend gloire à Dieu seul et non à d'autres dieux, alors Dieu enverra son ange visiter cette personne. En tant qu'êtres humains, nous croyons qu'il existe quelque part un pouvoir plus important qui est plus puissant que nos pouvoirs. Un tel grand pouvoir amène l'esprit humain à reconnaître Dieu et à l'adorer, à la fois consciemment et inconsciemment, en reconnaissant son grand pouvoir, qui conduit les êtres humains à faire quelque chose eux-mêmes ou à faire des images de dieux pour commencer à adorer. D'autres personnes ayant des croyances et des convictions différentes pourraient faire autre chose face à la puissance de Dieu.

Un ange va rendre visite à un humain avec la direction de Dieu et une conviction surnaturelle. L'ange convainc l'humain par sa simple présence. Selon la perspective religieuse, un humain ressent une présence différente lorsqu'un ange apparaît. Même si l'ange apparaît sous forme humaine et parle le même langage que la personne, la personne à qui l'ange est apparu ressentira toujours un sentiment différent. Le monde physique et le monde surnaturel se sentent différents l'un de l'autre et ont des conditions atmosphériques différentes. Le corps humain a été fait pour vivre dans ce monde, et un ange est fait pour vivre dans le monde surnaturel. Le lien entre le monde surnaturel et ce monde ne peut être établi qu'avec la permission de Dieu. Dieu est Celui qui a créé le monde et tout ce qu'il contient. L'existence de Dieu ne peut être niée. Dieu est Celui qui a tout créé, et il a tout créé pour ses desseins. Certaines créations naturelles n'ont aucun sens pour certaines personnes, mais elles en ont pour d'autres. Tout a été créé selon le calcul de Dieu.

Une fois, quand j'ai sifflé comme un oiseau-chat, j'ai été très impressionné d'en voir un apparaître, mais avant que cela n'arrive, j'avais vu que des gens filmaient des oiseaux-chats en train de faire ça, mais je ne croyais pas que c'était réel. Après avoir moi-même appelé un oiseau-chat et que l'un d'eux ait répondu à mon appel, je suis devenu croyant.

Différents pays ont différentes formes de vie dans leurs mers et leurs rivières. Parfois, les gens qui vivent dans ces pays ne prêtent aucune attention aux créatures vivant dans leurs propres eaux, mais il y a d'autres personnes qui vivent dans ces pays qui ne connaissent pas ces créatures aquatiques et leur importance. La seule façon pour eux d'en apprendre davantage sur ces créatures marines et leur importance est de les étudier. Si les créatures ne sont pas importantes pour leur propre économie, il se peut qu'elles soient importantes pour l'économie d'un autre pays. Une négociation à l'amiable est nécessaire si l'autre pays souhaite avoir accès aux créatures qui ne sont pas originaires de ses eaux.

Le but de l'ange est d'être fiable envers la personne à qui il apparaît. C'est parce que l'ange a pour mission de changer l'avis de la personne afin qu'elle puisse accomplir quelque chose de mieux comme souhaité par Dieu. Le rêve d'un ange est parfait sans aucun doute, alors qu'un humain a toujours des doutes. Lorsqu'un ange rend visite à une personne, l'ange supprime les sentiments de jugement de la personne qui se cachent dans l'esprit humain. Un ange ne se cache ni des humains ni de Dieu. Si l'ange se cachait, alors comment pourrait-il transmettre des messages aux gens avec la permission de Dieu? La religion nous dit que personne ne peut se cacher de Dieu. La Bible, la Parole de Dieu, dit: « Où puis-je partir de ton Esprit? Ou où puis-je fuir ta présence? (Psaume 139:7). J'utilise la perspective judéo-chrétienne pour étayer mon argumentation concernant les anges. Aussi, j'ai lu de nombreux livres dont les auteurs utilisent le christianisme comme point de référence pour faire des critiques négatives. Ils ont vendu des millions de livres avec leurs arguments négatifs et critiques. Dans mon propre travail, je fais référence au christianisme, à l'islam et à d'autres religions, mais pas pour critiquer leurs croyances. Le Rêve des Anges est basé sur la philosophie, la psychologie et la religion. Je n'ai pas plus une opinion négative de la religion que je n'ai une opinion négative de la philosophie ou de la psychologie. Si vous lisez ce livre de tout votre cœur, vous apprendrez quelque chose de bien et cela changera votre esprit et votre façon de penser.

Aucun humain n'est autorisé à se cacher des anges. La Bible raconte des histoires de nombreuses personnes qui ont essayé de se cacher de Dieu mais ont découvert qu'elles ne pouvaient pas se cacher de lui. La pratique de ne pas fuir Dieu nous renforce pour respecter les principes de Dieu. Lorsque Dieu appelle une personne à le servir, il envoie également ses anges à cette personne. Ce n'est pas une bonne idée pour une personne de se cacher de Dieu. Se cacher de Dieu signifie manquer de nombreuses bonnes opportunités dans sa vie. Encore une fois, la mission de Dieu ne se termine pas avec la personne qu'il utilise ; c'est aussi pour toute la famille, la communauté, le pays et le monde de la personne.

La Bible raconte l'histoire de Jonas, qui a fui la mission que Dieu lui avait confiée. Bien que Jonas ait essayé de s'enfuir, il n'a pas réussi à se cacher de Dieu. Il s'est caché dans de nombreux endroits. Il a fait de nombreux plans pour fuir Dieu, mais son plan n'a pas réussi. Jonas avait atteint la fin de sa philosophie, qui nous dit que la philosophie humaine ne peut pas aider en tout. Jonas en est venu à comprendre que la philosophie de

Dieu est plus importante que la philosophie humaine. Dieu connaît les mathématiques humaines parce que Dieu est le créateur des mathématiques.

Ensuite, le nom Jonas signifie « colombe » en hébreu. La colombe est pertinente dans quelque chose que Jésus a dit à ses disciples: « Voici, je vous envoie comme des brebis au milieu des loups. Soyez donc sages comme les serpents et inoffensifs comme les colombes » (Matthieu 10 :16). Jonas était intelligent, un homme de philosophie. Il ne voulait pas que Ninive finisse comme le village dans lequel il avait grandi. Jonas avec sa philosophie humaniste a refusé de partager ce qu'il avait appris de Dieu. Au contraire, il s'est enfui dans différents endroits pour s'y cacher avec les citoyens. Il a laissé le peuple de Dieu mourir dans les péchés qu'il a commis. Dieu ne voulait pas tuer Jonas même s'il refusait d'écouter le message de Dieu. Dieu ne voulait pas non plus choisir une autre personne à la place de Jonas, car Dieu sait que chaque personne a un but spécifique. Chaque être humain est destiné à accomplir un aspect de la mission de Dieu. Voir mon livre intitulé Philosophie de la motivation: vous êtes le maître de votre vie. Parce que Dieu est doux, il aide chacun de nous à accomplir la mission qu'il nous confie. La vision de Dieu est toujours d'aider un être humain et de le protéger du danger. J'ai lu des livres dont je ne mentionnerai pas les titres dans Le Rêve des anges qui prétendent que Dieu n'existe pas. Les auteurs de ces livres discréditent également tout philosophe qui défend une croyance en l'existence de Dieu. Je crois que chacun a sa propre vision, mais je n'ai jamais vu personne réussir à réfuter l'existence de Dieu.

Certaines personnes étudieront une religion en particulier afin de la critiquer plutôt que de la comparer à d'autres religions et de discuter des avantages et des inconvénients de chacune. Au lieu de cela, ils se concentrent uniquement sur les aspects négatifs de la religion. Bien sûr, chacun a une compréhension différente des choses en fonction de ses expériences individuelles. Cette idée n'aide personne à réaliser quelque chose de bien qui puisse contribuer à la vie des autres. Dans la religion, vous trouvez de nombreuses bonnes idées de la part de personnes qui ont des compétences et apprennent de leurs expériences. La bonne partie de la religion, aux fins du Rêve des anges, est qu'elle aide les gens à comprendre les anges. Le fait que la religion présente l'idée de Dieu et apporte un soutien à cette idée afin que chacun puisse la considérer et en venir à croire en Dieu est également important. Beaucoup de gens croient que

Dieu existe et que nous avons été créés à son image. Certains scientifiques ont présenté le point de vue opposé, mais ils n'ont pas convaincu le monde entier que Dieu n'existe pas. Les gens dans de nombreuses régions du monde croient encore en l'existence de Dieu et que tout a été fait par Dieu. Parmi les autres choses qu'ils croient, c'est que leurs ancêtres croyaient en Dieu et n'ont jamais eu de problème avec Dieu. Dieu et ses anges se sont abstenus de tuer l'ancêtre de ces gens parce qu'ils ont fait la bonne chose selon Dieu. J'ai rencontré des gens qui n'ont jamais lu la Bible, mais ils font ce qui est juste selon Dieu, alors Dieu fait de bonnes choses pour eux. L'influence des anges ne peut être ignorée ici, ou dans le cas des nouveaux philosophes qui défendent l'existence de Dieu (Damaris Media 2018).

L'ignorance de l'existence de Dieu est une aberration qui ne fait rien pour aider la société humaine. Cela fait plutôt penser à une personne qu'elle est au-dessus de tout et de tous les autres. Quand une personne croit que Dieu existe, elle respectera les droits des autres parce que son humilité l'aidera à s'améliorer. Dieu a créé les êtres humains pour vivre au sein de la société et en harmonie avec les autres, profitant de ce que Dieu a créé. Le monde de la critique négative ne fait rien pour aider les gens. Certains scientifiques espèrent aujourd'hui que la nouvelle race de scientifiques arrêtera cette tendance à la pensée négative, mais ils oublient clairement que les nouveaux philosophes croient en Dieu plutôt que de réfuter l'existence de Dieu. Le rêve d'un ange concerne Dieu. Un ange espère aussi prendre soin de ceux qui craignent Dieu. Nous lisons dans le livre de la Genèse, chapitre 3, l'histoire de Jacob. Bien que Jacob n'ait rien en main, il est devenu plus riche que Laban. La crainte de Dieu l'a rendu riche à cause de son cœur humble. Dieu a envoyé ses anges pour être avec Jacob. Jacob était dans une situation désespérée, un peu comme beaucoup de gens dans le monde aujourd'hui. Beaucoup de gens ont des situations, mais leurs mathématiques ne peuvent pas du tout les aider. La mission de Jacob, bien connue, était d'épouser Rachel, mais selon leurs lois familiales, ils ont décidé que leur fille aînée devait être mariée en premier, après quoi le reste des filles pourrait se marier. Beaucoup de gens détestent cette partie du passage biblique. Jacob connaissait la puissance de Dieu en voyant les anges de Dieu dans sa vie, ce qui lui a donné l'espoir de faire tout ce que Laban lui a dit de faire. « Que perdons-nous lorsque la religion est réduite à un choix personnel privé au lieu de faire partie de la conversation partagée de notre société ? » (Debatingeurope.eu 2015). Le juge était confus et souhaitait ne pas enfreindre les lois religieuses, mais elle devait aider un jeune garçon à acquérir la foi chrétienne. Ce débat nous montre beaucoup de choses sur les anges, par exemple qu'un ange ne fera pas de mal à un humain qui respecte Dieu et qui fait ce que Dieu lui dit de faire.

Philosophie du Rêve

J'ai découvert deux dimensions à notre conscience de la vie. L'une consiste à se remémorer les temps passés et à rêver des temps à venir, et l'autre est lorsque nous sommes connectés à ce qui est ici maintenant. Ceux que nous considérons comme sages sont en quelque sorte plus observateurs et en phase avec les situations de la vie, éveillés aux besoins présents. À quoi assistons-nous la plupart du temps? Voici quatre états d'attention et leurs descriptions:

1. Ouvrir
   Nous sommes ouverts lorsque notre champ d'attention est large et que nous sommes réceptifs à la plénitude du moment présent. Bref, cet état regorge de potentiel.

2. Centré
   Dans cet état, notre attention est concentrée sur une seule tâche, mais en termes de

conscience, elle est à des mondes à part. L'attention n'est pas enfermée dans l'obsession, mais elle n'est pas non plus distraite. Elle est fédératrice, mobilisant intelligemment les connaissances associées.

3. Capturé

   Notre attention est focalisée de manière obsessionnelle sur une idée ou une tâche car nous sommes inconscients et inconscients du monde qui nous entoure. Dans ce petit monde, nous ne pouvons pas répondre aux besoins émergents ni même faire du mal à ceux qui se trouvent sur notre chemin en étant inconscients ou dédaigneux.

4. Dispersé

   Notre attention est largement ouverte aux stimuli mais agit habituellement avec peu de conscience. Nous sommes dispersés par les interruptions d'une journée de tâches inachevées. Distraits et bousculés, nous trouvons que la vie est mouvementée et improductive.

Les histoires de nombreuses personnes dans la Bible montrent comment Dieu envoie ses anges pour sauver les gens du danger. Même si beaucoup de gens ont des idées différentes et ne croient pas en l'existence de Dieu, Dieu existe. Je crois que plus de gens qu'autrement croient en l'existence de Dieu et aussi en l'existence de ses anges. Dieu ne peut pas se cacher des êtres humains ; la religion expose l'existence de Dieu partout dans le monde. De nombreuses religions ont leurs propres manières de voir et de comprendre Dieu selon leurs traditions. Si la religion comprend Dieu, alors l'idée de Dieu doit être vraie, car une religion est composée de plusieurs personnes. Il doit y avoir des intellectuels membres d'une religion qui font des recherches sur la façon dont les gens peuvent communiquer avec Dieu.

Dave Robinson et Chris Garrat écrivent: « Quand René Descartes avait huit ans, il fut envoyé à l'école jésuite de la Flèche en Anjou » (Robinson et Garratt 2006, 4). Les non-croyants soulèveront un problème avec René Descartes ayant fréquenté une école jésuite. C'est une autre façon de contredire la philosophie de Descartes au lieu de reconnaître les bons points de sa philosophie. Je ne dis pas qu'il faut adhérer à la philosophie de Descartes. J'ai moi-même fait mes recherches sur les Méditations de Descartes et je pense que certaines de ses méditations doivent être soigneusement considérées. Seul Dieu est parfait et il a tout créé dans ce monde. S'il n'y avait pas de Dieu, alors rien n'aurait été créé et il n'y aurait pas eu de science. Les scientifiques sont capables de créer beaucoup de choses, mais ils ne pourront jamais créer le souffle humain ou animal parce que le souffle de vie est très différent de toute autre chose que les scientifiques créent.

Un ange ne blâme pas Dieu, car les anges sont habitués à voir Dieu tout le temps. Le blâme vient de l'esprit humain.

Une visite d'un ange aide un être humain à éviter ou à échapper au danger parce que certains anges protègent des anges. Le plan de Dieu ne fait pas échouer les humains; cela les fait réussir. Un ange vient toujours avec un bon signe à une personne pour accomplir le dessein de Dieu. De nombreuses religions croient qu'il y a quelqu'un qui regarde tout le monde et tout dans le monde. Cette personne est le Créateur de tout ce que nous voyons dans ce monde. Dieu est le commencement de toutes les bonnes choses et le Créateur de toute chose naturelle que nous voyons dans ce monde. Le devoir d'un ange est de transmettre le message de Dieu à une personne. Lorsque la personne reçoit le message sans aucun doute, elle peut alors transmettre ce message à d'autres personnes pour les encourager.

Jacob a affronté un ange au milieu de la nuit (Genèse 32 :24-32). Jacob avait besoin d'aide, comme je l'ai déjà dit. Même si un ange apparaît à une personne, cela ne garantit pas que la personne n'aura plus de problèmes pour le reste de sa vie. Jacob a rappelé à Dieu ce que Dieu lui avait promis. Finalement, Dieu lui est apparu sous la forme d'un humain lorsque Jacob se cachait de son frère Esaü. Jacob envoya loin de lui ses épouses, concubines, serviteurs et animaux. Un ange de Dieu lui apparut. Ils ont commencé à se battre. L'une des questions est, pourquoi Dieu s'est-il battu avec Jacob plutôt que de lui donner un message d'un ange? Pourquoi l'ange a-t-il cassé la côte de Jacob? Pourquoi l'ange a-t-il changé le nom de Jacob? Ces trois questions démontrent la nature surnaturelle de Dieu. Dieu ne veut pas qu'une personne ait peur de ses ennemis; Dieu veut que nous affrontions nos problèmes plutôt que d'avoir des pensées négatives. Je crois que Dieu a amené Jacob à se réchauffer de sa froideur qui s'est développée en se cachant et en étant confus. Ésaü voulait probablement tuer Jacob parce que Jacob se cachait de lui. Jacob se faisait un ennemi, ayant oublié qu'Ésaü le considérait comme son frère.

L'histoire de Terry McFadden dans le journal Good News intitulé "Taking Holy Orders" (Good

News 2018) est une histoire intéressante d'une personne que Dieu a aidé mais qui a recommencé à vivre dans le mauvais sens, plus tard pour se réconcilier avec Dieu à nouveau. Terry a lutté plusieurs fois dans sa vie en choisissant la mauvaise direction. Il a fini comme vicaire de l'église. Terry n'a vu aucun ange physiquement, mais il a vu un miracle de Dieu dans sa vie. Terry a dit: « C'est alors que j'ai crié: « S'il y a un Dieu, rends-le-moi et je te donnerai ma vie ! » Et elle s'est simplement levée. C'était incroyable » (Good Newspaper 2018, 6). Après la guérison de sa plus jeune fille, Terry a décidé de donner sa vie à Jésus plutôt que de retourner vivre une mauvaise vie en tuant des gens. Les gens pensent qu'ils ont besoin d'argent plutôt que de penser au plan de Dieu pour leur vie. Le rêve d'un ange est un rêve de sauver une personne en lui apportant le message de Dieu. La personne doit également transmettre ce message à d'autres personnes.

Nous lisons comment Jonas s'est enfui de Dieu, mais à la fin, Jonas a fait ce que Dieu lui avait demandé de faire en sauvant le peuple de Ninive. Dieu continue de faire confiance aux êtres humains même après que nous ayons fait des erreurs. Dieu sait qu'il n'y a pas de vraie pensée à l'intérieur d'un être humain. Les humains font des erreurs, mais pas les anges. Si un ange fait une erreur, alors cet ange ne vient pas de Dieu. Dieu ne conduira jamais un ange à faire des erreurs. Si une personne commettait une erreur à cause d'un ange, alors toute la population commettrait la même erreur, menant finalement le monde dans la mauvaise direction. Même si une personne peut communiquer avec un ange plusieurs fois, l'ange ne fera jamais d'erreur. Le comportement d'un ange n'est pas le même que le comportement humain. Le comportement d'un être humain est affecté par ce que l'individu croit. C'est pourquoi la plupart des personnes religieuses respectent les principes de leur religion plutôt que leur propre comportement. Les humains ne peuvent jamais défier Dieu en disant à Dieu quoi faire.

Le rêve d'un ange est basé sur le fait d'aider les gens, mais cela ne signifie pas que tous ceux qui aident les gens sont appelés anges. De nombreuses personnes dirigent des entreprises pour aider les pauvres, réduire la pauvreté dans le monde et aider les sans-abri. C'est une bonne chose d'aider les autres, mais Dieu veut que nous aidions les gens gratuitement avec une bonne perspective. Beaucoup de gens d'affaires, lorsqu'ils aident, s'attendent à obtenir quelque chose en retour. Les gens dans les prisons ou les hôpitaux n'ont pas d'argent en poche. Ces personnes vulnérables ne sont pas susceptibles de rendre l'aide qu'elles ont reçue par manque d'argent. La mission d'un ange est toujours gratuite. Lorsqu'un ange délivre un message à une personne, il ne demande rien en retour. Si un ange ne demande pas quelque chose en retour, pourquoi les humains n'aident-ils pas les autres gratuitement? Si un ange décide de ne pas transmettre le message de Dieu à une personne gratuitement, la personne peut-elle payer de l'argent à l'ange? Un ange n'a aucun intérêt à devenir roi de ce monde. Ce monde est temporaire. Le corps meurt, mais l'âme et l'esprit resteront les mêmes. Quand quelque chose vient d'une mauvaise source, cette chose ne sera d'aucune aide et ne contribuera pas à la société humaine. Aider les gens uniquement à récupérer quelque chose d'eux n'aide pas; c'est une arnaque. Le service d'un ange est toujours gratuit; il n'est pas nécessaire de rembourser un ange. Dieu n'est pas corruptible, mais Dieu est un Dieu très honnête et juste. Dieu ne demande rien en retour. De plus, Dieu ne demandera pas ce que vous ne pouvez pas lui donner. Il est inutile pour une personne avec un mauvais motif d'aider les pauvres. Cela n'aide pas du tout les gens. C'est l'inverse d'aider les pauvres. Dieu travaille de manière miraculeuse pour aider son peuple. Il envoie ses anges partout dans le monde pour sauver quiconque se trouve dans une situation critique.

Une personne avec un esprit clair est une personne qui dit la vérité. Ce type de personne ne penserait jamais à douter d'un bon message d'un ange. Un humain devient corrompu par les choses de ce monde; les choses de ce monde ne sont pas permanentes car elles sont constituées de matériaux, créés par des mains humaines. Tout ce qui est fait par un être humain est toujours temporaire et peut ne jamais se reproduire par lui-même. L'une des raisons à cela est que les êtres humains ne sont pas permanents dans ce monde. Le but d'un humain est de faire la bonne chose dans ce monde et de développer une bonne connexion avec un ange. Un bon ange vient du vrai Dieu. Il y a aussi les mauvais anges. Il existe de nombreux livres sur les anges qui parlent en fait des mauvais anges. Ce ne sont pas de bons livres pour le lecteur qui cherche quelque chose de bien dans sa vie. Ce sont des livres sur les mauvais anges, du genre à attirer des ennuis aux humains. J'ai entendu le témoignage d'une personne qui lisait des livres sur les mauvais anges. Il pensait qu'il lisait sur les bons anges. L'homme est devenu fou. Il a commencé à parler à ces anges comme un fou. Il était sur le point de mourir à l'hôpital. Je crois que ces anges n'étaient pas de vrais anges; ils ont apporté la mort à cet homme.

Les bons anges du vrai Dieu n'apporteraient jamais de mauvaises nouvelles à une personne qui craint Dieu. Je crois que les anges du vrai Dieu sont gentils avec toutes les personnes qui se soumettent à Dieu avec un cœur humble. Dieu n'est pas le type de Dieu qui s'assoit quelque part avec un grand fouet et, quand quelqu'un fait quelque chose de mal, il fouette cette personne jusqu'à ce qu'il ou elle se repente ou meure. Dieu est très lent à la colère. « Le Seigneur est miséricordieux et miséricordieux, lent à la colère et abondant en miséricorde » (Psaume 103 :8). Dieu pardonne et oublie, tandis que les humains pardonnent mais n'oublient pas. Les anges qui viennent détruire la vie d'une personne ne viennent pas de Dieu. Dieu ne tue ou ne détruit pas un humain sans l'avoir d'abord averti. Dieu avertit d'abord. Il ne réagit que lorsque quelqu'un refuse de suivre ses principes.

Une chose qui montre que Dieu aime les humains, c'est qu'il envoie ses anges pour nous avertir de notre désobéissance et des erreurs que nous commettons chaque jour. S'il était un Dieu de colère qui détruisait les gens sans avertissement, il ne nous enverrait pas d'anges en sa faveur. La beauté de Dieu est qu'il montre son amour à tous ceux qui ont un cœur humble. Quand j'écrivais des livres sur la philosophie et la psychologie, je me suis souvenu que Dieu est l'auteur de la vie et le Créateur de toutes choses. Après avoir lu avec attention des livres de philosophie, de psychologie, etc., je pense que l'intellect humain cesse d'exister lorsqu'une personne meurt. Il n'y a ni philosophie ni science après la mort de quelqu'un. Dieu commence quand un humain cesse de penser. Un ange soutient une personne dans chaque bonne chose qu'elle fait dans le monde. La religion contribue à l'intelligence humaine pour démontrer la visibilité d'un ange dans la vie d'une personne, moment auquel la personne prend conscience de l'ange en tant que deuxième compagnon spirituel. Beaucoup de gens croient aussi aux fantômes, mais les fantômes et les anges ne sont pas les mêmes. Le but d'un ange est de communiquer à la fois avec les êtres humains et avec Dieu, mais un fantôme ne communique pas avec les êtres humains et Dieu. Dieu n'a pas besoin d'interférer dans la communication entre un humain et un fantôme parce que les fantômes ne communiquent pas avec Dieu. Les gens sont généralement plus excités par la visite d'un ange que par la visite d'un fantôme. Une bonne nouvelle est révélée chaque fois qu'un ange vient et qu'une nouvelle vie commence. Un ange de Dieu éclaire à la fois la vie spirituelle et la vie physique d'un être humain. Les gens attendent toujours que quelque chose de différent se produise au quotidien. Dieu est le seul qui est capable de fournir les bonnes choses que les gens recherchent dans leur vie.

CHAPITRE 2
ÉCOUTER

L'esprit fait partie de l'être humain; l'esprit d'un humain ne meurt pas. Comme nous le lisons dans le chapitre précédent, Dieu est le Créateur de tout. L'esprit humain ne meurt pas en tant qu'organe corporel. L'esprit n'est pas un organe physique à l'intérieur du corps humain; c'est un élément spirituel qui donne aux humains des pensées positives et négatives. L'esprit humain ne peut pas être parfait parce que les êtres humains eux-mêmes ne peuvent pas être parfaits. Seul Dieu est parfait. Il est le Créateur de toutes choses. La philosophie derrière l'esprit humain est basée sur un calcul. Les mathématiques commencent lorsque l'être humain est éveillé. Un cerveau humain ne pense pas. La plupart des gens disent cela, mais c'est exact: le cerveau est un organe physique. On pourrait dire que le cerveau reçoit ses signaux de l'esprit. Tout ce qu'une personne fait est perçu par l'esprit et le cerveau. Lorsqu'un ange visite une personne, il n'apparaît pas physiquement mais, dans l'esprit, d'abord parce que le sens d'un être humain n'est pas physique. Nous voyons tous les résultats du caractère humain. Je parlerai du personnage plus tard dans Le Rêve des Anges.

L'esprit d'un ange est très différent de l'esprit humain. Un ange n'a pas de corps physique permanent. Bien qu'un ange puisse apparaître sous différentes formes humaines et différentes races, l'ange est toujours le même. Dieu ne se concentre pas sur notre cerveau mais sur notre esprit. L'esprit est l'endroit où tout se passe. Robinson et Garrat ont déclaré: « Une règle sur laquelle Descartes insiste à plusieurs reprises est que les vraies idées doivent être claires et distinctes dans votre esprit » (Robinson et Garratt 2006, 25). Les humains doivent avoir une bonne compréhension de tout ce qu'ils peuvent voir dans le monde. Lorsqu'une personne effectue un calcul, son esprit fait quelque chose. Bien sûr, l'esprit humain fera toujours des erreurs à cause de son manque de perfection, mais l'erreur ne doit pas nécessairement être si importante qu'elle affecte la personne. Le côté positif de l'esprit humain est qu'il est possible pour un ange de s'y connecter rapidement pour rappeler à la personne de Dieu.

Le côté positif de l'esprit rappelle aux êtres humains le miracle de Dieu, qui est quelque chose que les humains peuvent voir physiquement avec leurs yeux. Dans Nombres, Deutéronome et Josué, on nous dit que Dieu a rappelé aux Israélites son miracle. A cette époque, les Israélites marchaient par leur propre ignorance. "Les miens sont détruits par manque de connaissance. Parce que vous avez rejeté la connaissance, Je vous rejetterai aussi d'être prêtre pour Moi; Parce que tu as oublié la loi de ton Dieu, j'oublierai aussi tes enfants » (Osée 4:6). Seul le manque de connaissances peut entraîner la mort.

Dans les débats philosophiques sur la Bible, les gens condamnent Dieu pour avoir tué des gens. Ils oublient que Dieu a déjà établi ses règles et fait ses mathématiques. Si une personne n'obéit pas aux commandements de Dieu, alors elle doit mourir. Dieu est un mathématicien d'abord en tout. Ses mathématiques sont logiques et profitent à chaque être humain. Et s'il n'y avait pas de mort? Comment les gens connaîtraient-ils la puissance de Dieu? Il doit y avoir la mort pour que les gens connaissent la puissance de Dieu. Surtout ceux qui pensent aller au paradis ou au paradis, ils doivent passer par la mort avant de se rendre au paradis. Personne ne peut aller au paradis sans mourir.

Un ange annonce de bonnes nouvelles à l'esprit humain pour une bonne cause. Les humains devraient penser aux bonnes choses que Dieu leur a envoyées. Un état d'esprit positif aide une personne à avoir de bonnes relations avec Dieu, ainsi qu'avec tous ceux qui sont capables de venir à Dieu avec un cœur ouvert. L'état d'esprit positif d'un ange est d'accomplir l'œuvre de Dieu d'une bonne manière sans aucune erreur. Comme je l'ai déjà dit, un ange ne peut pas se tromper, car un ange n'a que des idées positives. Dieu a beaucoup à dire sur les êtres humains, car les humains sont liés à leurs propres rêves au lieu de se concentrer sur le rêve de l'ange. Certaines idées amènent Dieu à faire les bonnes choses pour une personne. Cela se produit lorsque la personne respecte les principes de Dieu et suit les règles qu'il établit dans nos esprits. L'esprit de Dieu n'est pas un esprit humain comme le dit la Parole de Dieu: « 'Car mes pensées ne sont pas vos pensées, et vos voies ne sont pas mes voies', dit le Seigneur. 'Car, comme les cieux sont plus hauts que la terre, ainsi mes voies sont plus hautes que vos voies, et mes pensées plus hautes que vos pensées' » (Esaïe 55 :8-9).

L'esprit de Dieu est toujours merveilleux. En lui, il n'y a pas de pensée négative. La raison pour laquelle j'ai choisi Descartes est à cause de sa foi en tant que catholique. Beaucoup de ses idées sont alignées sur la loi de Dieu.

Discutons maintenant de la formule de René Descartes pour déterminer comment l'esprit humain peut obtenir soit un bon résultat, soit un mauvais esprit:

« (1) Vous n'acceptez que ce qui est clair pour votre esprit. (2) Vous divisez les gros problèmes en plus petits. (3) Vous argumentez du simple au complexe. (4) Et enfin, vous pouvez tout vérifier soigneusement lorsque vous avez terminé » (Robinson et Garratt 2006, 24). Le premier point concerne une situation qui doit être résolue. Beaucoup de gens ont du mal à résoudre leurs problèmes, mais pas parce qu'ils n'utilisent pas la méthode de résolution des problèmes de Descartes, bien qu'ils devraient sérieusement envisager de le faire. Une partie du rêve d'un ange est une méthode directe qui vient directement de Dieu pour réaliser ce rêve. Comme nous le savons plus haut dans Le Rêve des anges, la méthode de Dieu aide toute la race humaine. La méthode dicte qu'une personne doit penser géométriquement et scientifiquement à sa situation. La personne doit avoir une idée positive dont l'exécution ne lui fera aucun mal. Les bonnes idées viennent toujours de Dieu. Lui seul est capable de donner la bonne idée de quelque chose qu'une personne doit faire dans ce monde. C'est une bonne idée de se concentrer sur quelque chose qui améliore les choses à la fois pour vous et pour les autres personnes dans le monde. L'idée n'a pas besoin d'être grande, mais elle doit être une idée pleine d'espoir. Seul Dieu est capable de fournir une idée pleine d'espoir à une personne à travers un message envoyé par un ange. Les gens trouvent toujours de bonnes choses lorsqu'ils sont connectés à Dieu. Seul un bon raisonnement peut venir des pensées de Dieu. La raison pour laquelle une personne considérerait ses propres intérêts est de trouver le moyen le plus simple de résoudre un problème. De plus, l'aide d'un ange est très importante. Au milieu de toute situation difficile, il y a toujours un ange qui peut apporter à la personne un message de Dieu. Il est très important de considérer toute idée claire. Une idée claire est une idée d'ange, qui peut donner à la personne la bonne solution à son problème.

Une idée claire ne peut émerger qu'avec une pensée juste. Une pensée juste peut être le résultat de la voix d'un ange qui envoie un signal à la conscience humaine pour qu'elle fasse quelque chose de bien. Pour revenir à l'histoire de Jacob, vous vous souviendrez que Jacob communiquait avec les anges à la fois face à face et dans les rêves. Je crois que si nous considérons la méthode de pensée logique de Descartes, nous pourrons considérer des idées claires. Une idée claire montre qu'une personne n'a pas à penser négativement ou à rencontrer un problème avec un caractère négatif. Je parlerai du personnage plus tard dans Le Rêve des anges.

Dieu envoie ses anges à tous ceux qui ont besoin de résoudre un problème. Les anges de Dieu n'ont pas la capacité de prendre de mauvaises décisions. Les anges n'ont pas de mauvais esprits. A aucun moment un ange n'a une mauvaise idée. Les anges sont toujours au service de Dieu sans limitation. L'esprit clair d'un ange ne doit pas être gaspillé; il doit être évalué intelligemment dans l'intérêt des êtres humains. Dieu a fait les choses invisibles. « Car depuis la création du monde, ses attributs invisibles sont clairement vus, étant compris par les choses qui sont faites, même sa puissance éternelle et sa divinité, de sorte qu'ils sont sans excuse » (Romains 1:20). Dieu a tout créé dans un endroit secret. Puis, ne voulant pas tout garder dans cet endroit secret pour toujours, Dieu a décidé de le rendre visible afin que chaque être humain puisse le voir. Dieu ne se cache pas dans le lieu spirituel invisible. Il envoie ses anges pour montrer aux êtres humains qu'il est visible. Les anges ont l'esprit clair. Lorsqu'ils amènent des choses invisibles dans le monde visible, ils nous amènent à tester ce qui se cache dans le monde invisible. C'est un secret direct de Dieu que nous ne pouvons pas voir les choses invisibles jusqu'à ce que Dieu donne la permission aux anges de nous montrer ces choses. Dieu ne perd jamais son temps avec un seul humain. Même si une personne ne prête aucune attention à Dieu, elle travaille toujours dur pour aider cette personne. Dieu montre son amour à quiconque veut le montrer. Beaucoup de gens ont été abandonnés par Dieu, mais ils ne sont pas oubliés par Dieu. Lorsque Dieu bénit une personne, cette personne développe une compréhension claire afin de prendre la bonne décision.

CAUSE

Pour moi, la cause finale des choses et des événements est un mystère que Dieu seul connaît peut-être. Le travail du scientifique consiste à enquêter uniquement sur les causes antérieures aux effets et non à spéculer sur des pouvoirs occultes ou des objectifs ultimes. Divisez un gros problème en un petit. Penser à un gros problème, c'est considérer la partie du problème qui affecte la pensée de la personne. Dans Le Rêve des anges, je propose de nombreux conseils qui peuvent aider les humains à faire ce qu'il faut.

Les mathématiques de Dieu sont toujours beaucoup plus importantes que les mathématiques humaines. Dieu a déjà tout calculé depuis le commencement du monde. Un humain ne peut que s'adapter au monde et ne peut que penser à ce que Dieu a déjà calculé. Si ce n'était pas le cas que Dieu fait des calculs à l'intérieur de l'esprit humain, alors aucun être humain ne penserait aux mathématiques. Dieu est l'essence de l'être humain et de tout ce que nous pouvons voir dans ce monde. Il n'est pas nécessaire de mettre Dieu en dehors de la compréhension humaine.

L'esprit humain garde toujours la partie nécessaire de l'incident plutôt que de considérer l'incident dans son intégralité. En effet, la mémoire humaine ne stocke que les images utiles. Ces images stockées dans la mémoire aident une personne à se souvenir de ses expériences passées. Comme je l'ai déjà dit, lorsque Dieu envoie ses anges à quelqu'un, l'objectif principal est d'éclairer l'esprit de cette personne à l'existence de Dieu. C'est toujours le cas dans cette circonstance qu'une chose gênante arrivera à l'esprit de la personne. Transformer un gros problème en un petit demande un bon calcul. Chaque être humain, y compris les petits enfants, a des problèmes qui doivent être résolus avec de bonnes mathématiques. Et Dieu est le plus grand mathématicien du monde. Le plus petit élément de preuve qu'une personne peut recevoir du plus grand élément de preuve peut aider une personne à se développer. Plus la quantité de preuves que vous obtenez est importante, plus vous devez résoudre de problèmes avec ces preuves. Plus le problème est important, plus vous avez besoin de preuves pour le résoudre.

Vous ne pouvez pas résoudre un problème sans aucune preuve, et ces preuves doivent être fiables et tangibles pour refléter le problème ou l'incident. Dans notre monde moderne, de nombreux mathématiciens adoptent une approche mathématique pour résoudre les problèmes du monde. Résoudre facilement un problème peut nécessiter l'utilisation d'un outil technologique tel qu'un ordinateur pour le calcul. De nombreux problèmes sont basés sur des équations, qui aident à trouver la bonne réponse. Il n'y a jamais eu de réponse ou de résultat sans problème associé. Il est utile de diviser un gros problème en une plus petite partie lorsque l'esprit humain ne reconnaît pas une partie du problème ou de l'incident. Comme je l'ai déjà dit, l'esprit humain ne peut reconnaître ou se souvenir que des preuves relatives à un problème passé. La solution à quelque chose montre le problème. Ensuite, une fois que la solution a été développée pour un problème, cette solution passée et cette solution actuelle montreront un problème futur et sa solution. Le grand problème peut être divisé en petits problèmes par l'esprit humain. Un vrai problème est lié à une idée qui promet d'être une vraie solution. Un ange a la capacité de se connecter avec une personne dans un sens réel. Lorsqu'elle rêve, une personne peut rêver de quelque chose pendant cinq minutes, mais en réalité, il faut cinq ans ou plus pour résoudre le problème qui, dans le rêve, n'a pris que cinq minutes à résoudre. Il est parfois difficile de voir le même problème qui se pose dans un rêve plusieurs fois dans la vie d'une personne. Il est aussi parfois difficile pour une personne de trouver la solution à quelque chose dans la vraie vie. Un bon résultat viendra lorsqu'un ange rend visite à la personne au bon endroit, mais en l'absence d'une visite angélique, une personne doit suivre cette méthode pour trouver une bonne solution à son problème. Les mathématiques humaines ont déjà été établies par d'autres personnes. Il n'y a pas de contradiction dans 1 + 1 = 2 ; il est réglé tel qu'il est programmé. Personne ne peut dire que 1 + 1 = 3 est vrai à moins qu'il y ait quelque chose à ajouter.

Je soutiens que les problèmes vont du simple au complexe et que les problèmes apparaissent chaque jour où un être humain est vivant. Tout argument découlant du problème doit être un argument clair. Chaque question qui vient à l'esprit humain doit être débattue avant de pouvoir être résolue pour obtenir un bon résultat. L'argument d'un problème vient de sa cause, à partir de laquelle une bonne résolution peut émerger. Comme nous le savons, Dieu est le Créateur de tout ; l'humain découvre seulement. Le Dr Subtilis, érudit aristotélicien (1273-1308), a déclaré: « Pour moi, les « causes finales » des choses et des événements sont un mystère que Dieu seul connaît peut-être. Le travail du scientifique consiste à enquêter uniquement sur les causes antérieures aux effets et non à spéculer sur des pouvoirs occultes ou des objectifs ultimes » (Robinson et Garratt 2006, 23). Cela éclaire un peu les doutes exprimés par les philosophes. J'ai rencontré beaucoup de gens qui spéculent que les philosophes ne connaissent pas Dieu, c'est pourquoi beaucoup d'entre eux contredisent Dieu. De nombreuses cours de justice ne parviennent pas à défendre ce point pour trouver la cause du crime ou des problèmes sociaux.

Dans le monde, rien n'arrive par hasard. Un mot pour coïncidence n'existe pas dans de nombreuses langues. Par exemple, il n'y a aucune entrée dans aucun dictionnaire hébreu ancien pour le mot coïncidence. Discuter d'un problème, c'est connaître la cause de ce problème. En connaissant la cause, nous pouvons trouver la bonne réponse ou résolution. Le rêve d'un ange révèle toujours la cause du problème, surtout lorsque les gens recherchent des solutions à leurs problèmes. C'est une question difficile à poser, pourquoi un ange ne connaît pas la réponse que l'humain cherche. Il y a aussi certaines questions auxquelles un ange ne pourra pas répondre (Matthieu 19:26). Seul Dieu est capable de connaître la cause de quelque chose qui se passe dans la vie d'une personne.

Argumenter le problème n'est pas garantir qu'une solution à ce problème sera trouvée; chaque personne a ses propres problèmes et ses propres solutions à ces problèmes. Quand un ange vient, c'est en partie pour aider la personne à trouver une solution à son problème, mais c'est surtout pour aider la personne à penser d'abord à Dieu et la solution viendra ensuite. Il y aura toujours différents types de problèmes dans la société humaine. Le monde dans lequel nous vivons a de nombreux problèmes différents. Plus vous avez d'amis et de personnes dans votre vie, plus vous aurez de problèmes (Exode 18 :15-27). L'exemple de Moïse est très important dans la mesure où il s'applique à de nombreuses personnes. Un mauvais argument n'apporte pas un bon résultat car il est le produit d'un dysfonctionnement mental, qui donnera toujours un mauvais résultat. La cause d'un problème peut être une mauvaise ou une bonne cause. Une mauvaise cause vient d'une bonne réflexion. De plus, une bonne cause doit d'abord être bonne en soi avant de pouvoir être mise en contexte. D'un autre côté, une cause doit d'abord être mauvaise en soi avant de pouvoir être mise en contexte. Une mauvaise cause ne peut jamais être bonne; c'est un échec de l'esprit humain. Lorsque l'esprit humain échoue, il donne de mauvais résultats. Le problème simple doit être vérifié avant d'examiner et d'analyser le gros problème. La petite équation donne toujours une image de la grande équation. Lorsque vous comparez un gros problème et un petit problème, vous réalisez lequel est la plus grande équation. Il n'est pas nécessaire de discuter de la grande équation ou du problème. Seul un bon argument vous aidera à trouver la solution à la plus petite équation. Dans le monde réel, lorsque deux personnes se disputent, si l'une d'elles parle trop sans dire la vérité, elle ne gagnera pas dans le débat. Mais si l'un d'eux dit peu mais dit la vérité, il gagnera le débat. L'esprit ne peut supporter qu'un calcul effectué à temps. Si un ordinateur a plusieurs entrées en même temps, l'ordinateur plantera, incapable d'effectuer plusieurs tâches en même temps.

Enfin, vous devriez tout vérifier très attentivement une fois que vous avez terminé tous les calculs. L'esprit humain n'est jamais vide. Il y aura toujours quelque chose qui ne va pas dans le futur, c'est pourquoi les gens font des mises à jour. L'esprit d'un ange n'a pas besoin d'être constamment concentré sur les principes humains. L'esprit d'un ange est fiable et rend gloire à Dieu à tout moment, vérifiant chaque produit de l'esprit humain. Il existe deux types de résultats de l'esprit humain, négatifs et positifs. Selon les mathématiques, le processus de l'esprit humain est toujours différent du processus de l'esprit d'un ange. De plus, le résultat mathématique avant qu'une personne agisse est différent du résultat après que la personne agit. L'esprit d'un ange ne parvient jamais à un résultat distinct parce que Dieu est toujours positif (Apocalypse 3:15-17). Lorsque l'esprit humain parvient à deux résultats différents en même temps, le résultat est toujours une confusion. Dans la vraie vie, quand les mathématiques montrent deux réponses différentes, c'est toujours déroutant. Il faut cependant accepter la bonne réponse. Dans toute formule mathématique, une seule réponse est correcte. Les autres réponses doivent être rejetées. De plus, si le résultat est confirmé comme étant bon, alors le résultat doit être accepté.

Seul un ange a ce dont un humain a besoin. Un ange a accès au meilleur mathématicien. Le message qu'il apporte de Dieu est déjà bien préparé avec les mathématiques de Dieu, ce que Dieu a déjà fait avant la création du monde. Pour obtenir la bonne réponse, il faut un bon état d'esprit. Il est impossible d'accepter à la fois la mauvaise et la bonne réponse car ce ne sont pas des mathématiques. La réponse doit être une seule, qu'il s'agisse de la bonne ou de la mauvaise réponse. Dans le monde, il existe de nombreuses réponses à de nombreuses équations, mais il n'y a qu'un seul Dieu, quelque chose que les gens doivent apprendre à connaître. Il est le seul à établir les règles car il règne sur tout.

Pour conclure, pour que l'esprit traite quelque chose, il doit d'abord recevoir tous les faits avant de les vérifier. L'esprit humain devra fournir un objet qui peut être vu par le public. Pour un être humain, le résultat de son esprit ne doit pas être uniquement positif ; il peut aussi être négatif. Un résultat positif montre la bonne partie de l'esprit et du caractère d'une personne. Un bon esprit apporte de bons résultats, jamais négatifs. L'esprit humain ne peut contenir que les trois niveaux des mathématiques. Un ange n'apporte qu'un seul résultat positif à cause de la perfection de Dieu. Un ange ne peut pas venir avec un esprit négatif, car un ange n'entretient aucun doute. D'autre part, le doute fait partie de l'expérience de la vie. A aucun moment on ne peut dire que Dieu n'a pas d'expérience. Un ange ne meurt pas; un ange a un type d'expérience que les êtres humains n'ont pas dans le monde. Dieu ne peut pas avoir d'anges sans expérience. En effet, Dieu n'a pas un tel ange. Dieu ne recrute pas les anges à son service en tant qu'êtres humains, qui ont besoin d'autres personnes pour faire quelque chose. Les gens pensent différemment et parlent différemment, leur esprit correspondant au résultat. Sur le clavier de l'ordinateur, il y a de nombreuses touches. Chaque touche a sa propre sortie. Lorsque vous appuyez sur la lettre S, sur l'écran de l'ordinateur, vous devriez voir la lettre S en majuscule ou en minuscule. Mais lorsque vous tapez la lettre S (Clavier anglaise) et que vous voyez une autre sortie, cela signifie que l'ordinateur a fait une erreur. Dans cette méthode philosophique, la sortie doit être vérifiée et trouvée correcte et conforme à ce qui a été traité par l'esprit humain. Lorsque le résultat de l'esprit est positif, cette règle ne peut être acceptée car il manque les parties négatives et distinctives. « C'est ici que Descartes tente de montrer comment il est possible de découvrir la vraie connaissance en utilisant simplement quelques règles procédurales centrales » (Robinson et Garratt 2006, 24).

Il faut apprécier la critique négative d'une bonne méthode, mais il vaudrait mieux considérer les points les plus importants. Dieu a les meilleures règles pour résoudre les problèmes des gens. Les règles de Dieu sont très importantes que tout le monde doit suivre et respecter. Les chrétiens et les juifs s'appuient sur les dix commandements de Dieu comme mode de vie. Jésus a identifié les commandements les plus importants: « Jésus lui dit: 'Tu aimeras le Seigneur ton Dieu de tout ton cœur, de toute ton âme et de toute ta pensée.' C'est le premier et le grand commandement. Et le second lui ressemble:

'Tu aimeras ton prochain comme toi-même.' De ces deux commandements dépendent toute la Loi et les Prophètes » (Matthieu 22 :37-41). Toutes ces règles nous montrent comment vivre en harmonie dans ce monde et résoudre nos problèmes. Les mathématiques sont impliquées dans toutes ces règles. L'esprit humain doit faire face aux règles de Dieu parce que l'esprit humain effectue les calculs de faire quelque chose de bien par rapport à faire quelque chose de mal. Les règles d'un ange sont les mêmes que les règles de Dieu, mais cela ne signifie pas qu'un ange est plus grand que Dieu. Un ange ne peut jamais être plus que Dieu; les anges sont les collègues des humains. Il y a une communication entre les anges et les humains. C'est une communication surnaturelle car aucun des deux n'a sa propre mentalité. Les humains ont du mal à comprendre le langage naturel et la façon de communiquer d'un ange, car ils ne parlent pas le même langage. Les anges ne parlent pas aux humains en langage angélique. Les anges parlent en langues selon le christianisme. Dieu a établi ses règles que les humains doivent suivre pour le reste de leur vie. Ces règles ne peuvent être changées que par Dieu. Les règles d'un humain sont parfois bonnes et parfois mauvaises. Parfois, les règles humaines ne peuvent pas aider d'autres personnes sur différents continents ou dans différents pays, ce qui signifie que les règles humaines sont sujettes à l'échec dans différents endroits. S'il s'agit d'une déclaration vraie, alors la science peut être utile pour les règles des autres. Mais les règles de Dieu sont plus importantes. Les scientifiques effectuent différentes expériences. Une des raisons à cela est que les scientifiques cherchent à comprendre ces règles. La géométrie et la science sont basées sur deux idées différentes qui peuvent aider les gens à comprendre les règles.

L'huile et l'eau ne peuvent pas être mélangées car l'huile flotte au-dessus de l'eau. Ces deux substances ne peuvent pas fonctionner ensemble. La méthode d'un ange ne doit pas nécessairement être la même que le message d'un humain. Un humain fait des erreurs, mais un ange ne fait aucune erreur du tout. Certaines règles n'ont pas à être élaborées, comme la règle naturelle empêchant l'huile et l'eau de se mélanger. Une règle humaine doit être bien examinée avant d'être confirmée comme utile. Le fait que les êtres humains soient sujets à l'échec est la preuve que les êtres humains sont imparfaits, comme le montre Genèse 3:2-24. Lorsque Dieu s'est rendu compte que les humains avaient enfreint ses règles dans le jardin, il a décidé de réduire leurs bénédictions et d'augmenter leurs souffrances. Les anges étaient considérés comme protégeant l'Arbre de Vie (v. 24). Adam est devenu rien en présence des animaux, qu'il avait nommés avant son échec. L'idée d'échec humain prend tout son sens à la lumière des règles de Descartes, des règles d'autres philosophes et des règles d'autres scientifiques, qui toutes ne fonctionnent pas dans l'esprit de certaines personnes. Seul un ange est capable d'apporter de l'espoir dans la vie d'un humain lorsque l'esprit conscient de la personne est dans un état d'échec. Nous savons que le meilleur principe ou la meilleure règle est toujours Dieu. Avec tous ces principes, on peut encore croire que ce monde fonctionne mathématiquement. Chaque fois qu'une personne se réveille le matin, les mathématiques démarrent automatiquement sans qu'elle pense aux mathématiques. L'esprit humain effectue les calculs. Il n'est pas nécessaire pour nous d'échapper à l'informatique qui se fait dans nos esprits. Les gens ne peuvent pas échapper aux mathématiques parce qu'elles les aident à comprendre les règles des solutions à leurs problèmes. Il n'est pas nécessaire de rejeter ou d'ignorer la cause de quelque chose, ou d'aller directement à la conclusion du problème. Aussi, je crois qu'une bonne solution mène toujours une personne dans la bonne direction. Pour trouver la cause, il faut effectuer une recherche du négatif, du positif et du neutre. Peut-être que lorsque nous pensons à quelque chose comme négatif, nous devrions le comparer avec la règle et la solution; alors ça peut avoir du sens. Certaines personnes peuvent préférer utiliser leurs propres règles pour régler leurs propres problèmes, mais elles devront définir de bonnes règles qui peuvent les aider.

La cause de quelque chose est très importante à identifier car elle est la source du problème. « Les seuls principes que nous utilisons sont ceux que nous voyons aller de soi, si nous n'en inférons rien que par déduction mathématique et si toutes ces inférences s'accordent exactement avec les phénomènes naturels; alors nous devrions, je pense, faire du tort à Dieu si nous devions soupçonner cette découverte des causes d'être illusoire » (Robinson et Garratt 2006, 28). Dieu ne peut pas se tromper. Il ne fait aucune erreur. La pensée de Dieu est toujours juste. Les humains font trop d'erreurs en ayant des pensées négatives. Une personne peut faire quelque chose de bien une fois qu'elle a corrigé le problème, mais malgré tout, même après la correction, elle peut faire une autre erreur. Quand quelqu'un pense que Dieu a fait une erreur, je pense que cette personne devrait demander si son existence est une erreur. Beaucoup de gens changent de sexe, pensant que Dieu les a créés comme étant du mauvais sexe. Je pense qu'il est mal pour une personne de penser de cette manière contre Dieu. Les humains ne peuvent pas être contre Dieu parce que nous savons que Dieu est le seul qui est parfait et ne fait aucune erreur. Nous savons que nous ne sommes pas parfaits. Nous ne sommes pas éternels; nous sommes temporaires dans ce monde parce que nous mourons tous. Imaginez s'il n'y avait pas de mort physique dans ce monde. Il n'y aurait pas assez d'espace pour se promener! Selon la perspective religieuse, tous les prophètes seraient encore en vie s'il n'y avait pas de mort. Je crois que les choses sont très déroutantes pour l'esprit humain. Dieu le sait, c'est pourquoi il permet la mort; c'est pour nos intérêts. Une des raisons est de corriger l'erreur. Lorsqu'une personne meurt, nous pensons à qui pourrait être la prochaine à mourir. Nous pensons toujours à qui sera le prochain à mourir. Nous pensons toujours que les personnes les plus âgées de notre famille ou de la communauté mourront en premier parce que leur corps est plus faible et que leurs yeux ne peuvent plus voir. Un ange vient soit avec un avertissement pour quelqu'un, soit avec un message qui pourrait être une bénédiction pour d'autres personnes.

Tout ce qu'une personne fait est une bonne utilisation du temps. Un humain mérite ce qu'il gagne. Nous lisons dans la Bible: « Ne vous y trompez pas, on ne se moque pas de Dieu; car tout ce qu'un homme sème, il le moissonnera aussi » (Galates 6:7). Personne ne peut récolter ce qu'il n'a pas semé. Cette règle s'applique à chaque être humain dans le monde. Ce monde a été construit selon les règles mathématiques de Dieu, et les anges sont toujours là pour aider les gens à accomplir leur objectif et à vivre selon ces règles. Certaines personnes répètent le Notre Père lorsqu'elles souhaitent soulager leur esprit, mais elles ne sont pas concernées par le Notre Père (Matthieu 6). Les humains ont tendance à penser à quelque chose de très inhabituel lorsqu'ils ne savent pas quelle est la bonne décision. C'est parce qu'ils veulent que les autres croient que leur mauvaise décision est correcte. « Les rationalistes auront toujours une place différente pour faire de la place à toute affirmation fondée sur la connaissance de la réalité du monde, par opposition aux affirmations nécessaires mais plus éloignées dérivées des mathématiques et de la logique » (Robinson et Garratt 2006, 31). Les choses peuvent être anciennes, mais cela ne signifie pas qu'elles doivent être rejetées, car avant la chose était nouvelle. La première fois qu'une personne regarde quelque chose, il vaudrait mieux qu'elle en tienne compte. Lorsqu'un ange délivre un message à quelqu'un, l'ange considère les bonnes choses pour cette personne.

« 'Souviens-toi maintenant, ô Seigneur, je te prie, comment j'ai marché devant toi avec vérité et avec un cœur loyal, et j'ai fait ce qui était bon à tes yeux.' Et Ézéchias pleura amèrement » (2 Rois 20 :3). Parfois, Dieu fait quelque chose qui est dans notre propre intérêt. Après qu'Ézéchias ait insisté pour que Dieu lui permette de revivre, il est mort gravement, ayant perdu sa foi en Dieu. Il est toujours bon de comprendre et d'analyser la situation avant de prendre une décision car les décisions humaines sont prédestinées. Il faut faire le calcul correctement, repenser la situation, bien que cela ne signifie pas répéter la même chose encore et encore. Beaucoup de gens ne seront pas d'accord avec cette règle selon laquelle ils devraient considérer les choses à un stade précoce de quelque chose. Le jugement et le doute surgiront dans l'esprit, mais cela doit être fait de cette façon. Dans l'histoire d'Ézéchias, nous lisons qu'il a demandé à Dieu plus de temps à vivre. Quand Ézéchias est retourné à son ancienne vie, il a tout perdu, y compris sa propre vie.

Un être humain a besoin de considérer des points importants car il existe de nombreux problèmes qu'un être humain doit résoudre sans délai. Seul Dieu est capable de résoudre les problèmes de chacun dans ce monde en envoyant ses anges pour avertir et réconforter les gens. L'application de toutes sortes de règles est très importante si quelqu'un veut analyser ces bons points qui sont nécessaires pour bien raisonner pour vivre dans ce monde. L'esprit voit de nombreuses visions.

J'ai connu une personne qui ne connaissait rien au cannabis. Il vivait dans une maison avec des gens qui connaissaient le cannabis. Ils ont planté du cannabis parmi les fleurs du jardin à côté de la maison, ce qui est illégal. La science tolère la plantation de cannabis, mais le gouvernement a des lois interdisant la plantation de cannabis, stipulant que son utilisation est légale uniquement dans les laboratoires scientifiques. Les règles sont bonnes à appliquer quand elles promettent d'être très utiles à la société humaine. Les anges de Dieu peuvent également approuver de bonnes règles pour transmettre le message de Dieu. Les anges voient ce monde différemment de ce que les humains voient. Ce monde n'appartient pas aux anges mais aux humains (Genèse 1:26-31; 2:8-9). Dieu savait quand il a donné aux humains l'autorité sur ce monde que l'humain n'a pas à créer ce que Dieu a déjà créé. Selon Dieu, le but d'un être humain est de numéroter tout ce que Dieu a créé. Après que la première génération ait numéroté et nommé tout ce que Dieu a créé, la génération suivante a commencé à utiliser ces mêmes noms et classifications numériques sans aucun doute ni contradiction. L'esprit humain est basé sur Dieu lorsqu'une personne a une vie parfaite. Dieu ne s'attend pas à ce que tout le monde vive une vie parfaite et sainte. Si tel était le cas, il ne nous enverrait pas ses anges, et son Fils engendré Jésus ne serait pas venu sauver l'humanité. « Car Dieu a tant aimé le monde qu'il a donné son Fils unique, afin que quiconque croit en lui ne périsse pas, mais ait la vie éternelle » (Jean 3:16). L'esprit humain a la capacité de faire des erreurs, mais cela ne signifie pas qu'aucun résultat de l'esprit humain n'a jamais été parfait. Tous les résultats de l'esprit humain sont très importants. Certains d'entre eux doivent être pris en considération pour les expériences scientifiques et leurs résultats.

Le but de l'être humain est d'aider les autres au sein de la société. Le but d'un ange est de se connecter avec l'humain afin de l'aider à accomplir la mission de Dieu pour lui. On sait que les êtres humains ont reçu la capacité de développer tout ce qui est stocké dans leur esprit. L'esprit humain contient beaucoup de choses pour aider au développement de ce monde. Bien que les idées opposées soient souvent en conflit, ces confrontations aideront à ajouter ce qui manque et à corriger les erreurs. Deux personnes aux idées opposées peuvent travailler ensemble sur une expérience.

Positif et Négatif

Cette section est basée sur la psychologie et les différentes méthodes psychologiques utilisées du XIXe siècle à nos jours. Les méthodes d'utilisation de la recherche de données sont plus importantes pour la conception de la psychologie, car elles fournissent des idées pertinentes sur la façon dont un chercheur peut avoir l'occasion de collecter des informations utiles. De nombreuses méthodes ont été utilisées pour développer la psychologie. Dans le monde d'aujourd'hui, le domaine de la psychologie s'intéresse de plus en plus à l'étude du comportement humain. La plupart des psychologues comprennent que la psychologie est une étude scientifique du comportement, car l'esprit est séparé du corps (« D'où vient la psychologie expérimentale? » 2019). Du XIXe siècle au XXe siècle, il y a eu un changement dans la psychologie qui inclut différentes recherches et méthodes (Ash et Woodward 1989). La psychologie s'est améliorée par rapport à avant dans les expériences de recherche utilisées, qui sont basées sur un type différent de conception psychologique. Le vingtième siècle a introduit la psychologie pratiquée de différentes manières pour la meilleure réponse, bien que la psychologie ne donne toujours pas de réponses pour le comportement humain. La plupart des scientifiques préfèrent utiliser des enfants ainsi que des animaux afin d'identifier toute la portée du comportement humain. Découvrir le comportement d'un enfant ne concerne pas seulement les enfants seuls; l'expérimentation du comportement des enfants concerne toute la nation (Roth 1990).

La psychologie couvre l'éducation, en particulier lorsqu'elle prépare les jeunes à être enseignés dans les écoles. Les panneaux de signalisation sont conçus en fonction de la psychologie du conducteur (UK BBC 2013). Au début du vingtième siècle, les chercheurs ne considéraient pas le sexisme car il n'était pas considéré comme un sujet approprié. De temps en temps, la psychologie abordait le sexisme dans un contexte sociologique. De nombreux débats ont eu lieu sur le sexisme au sein de la société. Le sexisme fait partie du comportement humain. Afin d'étudier les comportements sexospécifiques, les chercheurs ont collecté certaines informations auprès de la population (Rogers et Roger 2001). Certaines des expériences ont montré que de nombreux psychologues du XIXe siècle ont découvert que des personnes d'âges différents étaient sexuellement actives. Au cours de ces périodes, il n'existait pas de méthodes de recherche adéquates, qui auraient autrement permis aux psychologues d'analyser la sensualité et de trouver la manière appropriée de s'adresser à une personne sexy. Avant, l'expression sexuelle libérale n'était pas tolérée, jusqu'aux expérimentations pour découvrir à quel âge le comportement sexuel humain devait se manifester. La plupart des humanistes à l'esprit sexuel se sont avérés être du genre masculin, car un homme serait très actif en s'exprimant verbalement plutôt que de cacher ses sentiments.

Il y a beaucoup de débats sur le genre. Plusieurs expériences ont été réalisées sur des mâles plutôt que sur des femelles. Les psychologues ont débattu entre eux de la priorité accordée à la psychologie des femmes. Au XIXe siècle, les psychologues croyaient qu'une femme devait avoir une voix pour s'exprimer dans la communauté. Cependant, les femmes en psychologie ont commencé à observer des groupes masculins et féminins. Ces expériences n'ont pas été réalisées dans une pièce confortable mais ont eu lieu en public. L'exclusion des femmes des expériences signifiait que la méthode n'était pas scientifique, car pour déterminer comment les êtres humains pensent, il faut étudier les deux sexes de l'humanité (Rutherford, Vaughn-Johnson et Rodkey 2018). La psychologie des femmes est très importante pour la psychologie masculine car, même si les deux domaines concernent le comportement, le comportement des hommes et des femmes n'est pas le même. Leur comportement est façonné par la société dans laquelle ils vivent. L'égalité des chances dans la recherche psychologique est très importante car chaque méthode de données doit être transparente. Au XIXe siècle, la psychologie a été utilisée pour discriminer les femmes et la recherche a été manipulée pour fournir aux chercheurs les résultats qu'ils recherchaient. Chaque femme devrait avoir le droit d'enseigner la psychologie dans n'importe quelle université, collège ou centre de formation. Au XXe siècle, le sexisme était l'une des principales clés d'identification des comportements humains. Cependant, chaque genre exprime le sexisme de différentes manières.

Au vingtième siècle, le genre n'existait pas

en psychologie, car la psychologie elle-même ne fait pas de distinction entre les genres. Au vingtième siècle, les psychologues ont conçu des moyens d'effectuer des expériences sans avoir à séparer les hommes des femmes sans raison scientifique pertinente. En ce qui concerne la psychologie, aucune des expériences psychologiques n'a été conçue pour être des expériences féministes. Cela indique que dans le domaine de la psychologie, les femmes n'étaient pas bien considérées. D'un autre côté, les femmes sont très fortes au sein de la société car elles pensent le contraire des hommes. Les femmes considérées comme les plus intelligentes ne pensent ni ne se soucient de ce que les hommes font pendant leur temps libre. Au vingtième siècle, la psychologie considérait les designs créés par des femmes comme les meilleurs au monde.

La recherche qualitative est une méthode de recherche qui aide les scientifiques à collecter des informations et à les enregistrer de manière appropriée. Aux débuts de la psychologie, la méthode de recherche qualitative n'existait pas encore. La méthode de recherche qualitative est devenue populaire dans le secteur de l'éducation, car cette méthode aide les institutions à terminer leur travail avec précision. Au XIXe siècle, l'éducation était très différente de celle d'aujourd'hui en ce sens qu'elle n'utilisait pas la méthode de recherche de type développement (Teddie et Tashakkori 2008). L'éducation a utilisé une idéologie d'apprentissage qualifiée plutôt qu'une collecte de données appropriée. Chaque chercheur fonctionnait de manière professionnelle, car la première méthode psychologique consistait à aider les chercheurs à collecter les informations dont ils avaient besoin. La méthode de recherche qualitative est désormais utile dans le secteur de l'éducation pour des expérimentations de qualité. Après le XIXe siècle, la méthode qualitative a permis de clarifier le phénomène de l'expérience scientifique. De plus, sans un bon ensemble de données, les résultats ne seront pas utiles. Lorsqu'un psychologue a l'intention d'expérimenter sur des écoliers, il devra utiliser la méthode de recherche qualitative lors du suivi de l'expérience. La méthode qualitative utilisée par les psychologues comprend des entretiens et d'autres moyens nécessaires de collecte d'informations. Les variables des expériences doivent être testées car la méthode de recherche qualitative ne peut être comparée à une autre méthode de recherche (Heffernan 2016).

Une autre méthode de recherche est la méthode qualitative. Les deux méthodes sont très utiles pour la collecte de données de recherche. Un débat sérieux a surgi pour savoir s'il était préférable d'utiliser la méthode quantitative ou la méthode qualitative pour la recherche. Au début, la plupart des psychologues utilisaient la méthode quantitative parce que l'information était en vrac plutôt que raffinée. Au début, de nombreux scientifiques ont commencé à envisager de faire moins de recherches parce que rien n'était développé pendant ces périodes. Michell (2003) montre clairement comment analyser les données pour la méthode de recherche quantitative. Les chercheurs préfèrent faire des expériences inachevées, car ces expériences seront continuellement mises à jour par d'autres personnes. À notre époque moderne, la méthode de recherche qualitative et la méthode de recherche quantitative sont également prises en compte, selon la méthode la plus appropriée à utiliser pour l'expérience. En effet, chacun est utilisé différemment pour la collecte de données, selon l'expérience et le chercheur. La méthode quantitative ne valorise pas les données et considère les informations collectées de manière non professionnelle dans le cadre de l'expérience de recherche. Les données qualitatives du vingtième siècle ont permis aux chercheurs d'examiner leur réponse à l'information après l'expérience. La bonne chose avec les données qualitatives est la manière positive dont elles affectent la collecte de données, fournissant plus d'informations à prendre en compte par le chercheur. Données qualitatives et quantitatives rassemblent l'ensemble des connaissances de la merveilleuse expérience qu'est la psychologie. La première méthode de recherche psychologique sert de bonne base à la recherche scientifique d'aujourd'hui, plutôt que d'avoir été abandonnée simplement parce qu'il s'agit d'une ancienne méthode.

Un mauvais résultat de recherche n'améliore pas l'éducation dans le pays (Brysbaert et Rastle 2013). Les gens devraient trouver l'éducation plus intéressante en comprenant les méthodes psychologiques. La psychologie appliquée au domaine de l'éducation est très utile, aidant le système éducatif à fonctionner correctement.

De nombreuses situations sont aujourd'hui différentes de celles d'avant le XIXe siècle. De plus, les chercheurs ne tiennent plus compte des anciennes théories. Par rapport à cette idéologie, la psychologie affecte la vie sociale de nombreux pays. Les gens dans l'éducation sont très heureux parce qu'ils n'ont plus à utiliser des théories démodées, estimant que leurs organisations ne devraient pas considérer des méthodes de recherche dépassées (Kain 2008). Lorsque la psychologie a introduit les méthodologies de conception au vingtième siècle, il n'était plus nécessaire de considérer les premières méthodologies car celles-ci n'auraient rien fait pour faire avancer la recherche. La nouvelle méthode psychologique a eu un bon impact sur la recherche scientifique étant donné que la psychologie est considérée comme une science qui étudie le comportement humain.

Parfois, les gens se posent la question décourageante de savoir pourquoi il n'y a pas de justice dans leur pays (Thomas et Napolitano 2016). La méthode de recherche psychologique n'est pas respectée dans de nombreux pays car la psychologie n'y est pas développée. Lorsqu'il y a un manque de nouvelles méthodologies psychologiques, l'éducation utilisera différentes sortes de psychologie mélangées à la politique. Aussi, faute de méthode de recherche psychologique, les gens n'analyseront pas les situations dans le secteur éducatif. La psychologie est une science qui affecte la société en étudiant le comportement humain. Dans le passé, de nombreux chercheurs ont réalisé que l'éducation était bonne parce que l'efficacité du système éducatif était satisfaisante pour la société humaine (Nelson et Prilleltensky 2010).

Les débats sur la méthode de recherche qualitative et la méthode de recherche quantitative portent sur de nombreuses facettes. De nombreux scientifiques considèrent que la méthode qualitative est une bonne méthode d'analyse des données, mais la méthode quantitative est également bonne pour la collecte de données. Au XIXe siècle, les deux méthodes de recherche circulaient parmi les scientifiques et chaque psychologue débattait de la meilleure pour étudier correctement le comportement humain (Sale, Lohfeld et Brazil 2002).

La méthode quantitative est une méthode de recherche qui tolère les données numériques, l'examen épistémologique et la recherche conceptuelle. C'est une bonne approche à considérer lorsque l'on cherche à transformer des informations ainsi qu'à calculer les informations qui ont été enregistrées. Les chercheurs pensent que la méthode quantitative traditionnelle n'établit pas de liens entre les ensembles de données dans le cadre de l'expérience, alors que la méthode quantitative préserve les résultats de l'expérience afin que ceux-ci puissent être considérés pour une application dans la société. Alors que la méthode qualitative considère la qualité de la conduite humaine, elle ne quantifie pas les informations enregistrées. La méthode de recherche qualitative recherche des informations fiables basées sur le comportement humain et considère également l'originalité des données avant d'affiner les données. En revanche, la méthode de recherche quantitative nécessite plusieurs tests pour que la théorie soit prouvée (Heffernan 2016). Le chercheur doit choisir la méthode de recherche quantitative pour son expérience.

Une méthode utilisée au vingtième et unième siècle pour améliorer l'analyse des données de recherche est l'analyse thématique. « L'analyse thématique est une méthode d'analyse qualitative mal délimitée, rarement reconnue, mais largement utilisée en psychologie » (Coolican 2014, 257). Cette méthode est un bon choix pour toutes les données collectées et enregistrées nécessitant une analyse d'experts. Il affine également la méthode qualitative, alors qu'au début de la psychologie, une telle méthode de collecte de données n'existait pas. Cette méthode aide également le scientifique à découvrir les informations appropriées et à concevoir l'approche psychologique de la bonne manière. La psychologie s'améliore de façon exponentielle avec cette méthode intelligente. Un chercheur peut utiliser une analyse thématique pour obtenir les informations réelles. Cette méthode permet également à un chercheur de collecter plusieurs types d'informations ou de catégoriser les informations à enregistrer. Peu de psychologues utilisent la méthode d'analyse thématique. Lorsque la source de la recherche n'est pas satisfaisante pour la société, personne dans la société ne pourra se développer (Roth 1999). Cet échec conduira la société à revenir à l'ancienne méthode psychologique.

En conclusion, la psychologie est l'étude scientifique du comportement humain. Avant le vingtième siècle, la psychologie était peu développée. Il était basé sur des problèmes plutôt que sur des méthodes. Les méthodes utilisées au quatre-vingt-dixième siècle ne sont pas les mêmes que celles utilisées au vingtième siècle. Certains collèges et universités ont interdit aux chercheuses d'étudier la psychologie. Les expériences psychologiques ont changé au vingtième siècle avec des programmes nouvellement conçus pour examiner les participants à l'étude et collecter des données à partir des expériences. Il est réaliste de s'attendre à ce qu'à l'avenir, les données psychologiques ne soient pas sécurisées sur Internet. Internet, y compris les sites de médias sociaux, n'a pas de système sécurisé pour protéger les données.

En outre, les informations personnelles de nombreuses personnes sont perdues sur Internet.

Si nous devions tout laisser comme positif, alors nos expériences de recherche ne seraient pas assez bonnes pour fournir le bon résultat. La chose la plus importante que font les anges dans ce cas est d'aider les chercheurs en leur donnant de bonnes idées. Un ange visite non seulement les personnes saintes, mais aussi toute personne qui cherche de l'aide. Dieu prend la décision d'envoyer ou non un ange à quelqu'un. Je crois que lorsque les gens étudient quelque chose de bien, ils ont toujours besoin d'aide. Cette aide peut venir d'une bonne personne ou d'un bon travailleur d'équipe. Une mauvaise personne peut venir en aide parce que certaines personnes n'ont pas de bonnes idées positives. Une mauvaise idée peut aussi aider dans une bonne expérience. Une mauvaise idée mène toujours à une erreur, et quiconque rejette les erreurs fait preuve de respect pour les règles appropriées. Vous connaîtrez le bon travail par son inverse. Tout ce qui ne fonctionne pas bien fonctionne mal. Un ange ne manquera jamais de donner à une personne une bonne nouvelle qui vient de Dieu, car nous savons que Dieu ne fait jamais d'erreurs. Quand nous regardons tous les rêves, nous voyons que l'intelligence de Dieu est plus grande que l'océan.

Penser à tuer quelqu'un est un péché selon la religion. Selon le gouvernement, c'est un crime. Tuer plusieurs personnes pendant la guerre n'est pas un crime, car il est généralement légal de tuer des personnes pendant la guerre. La plupart des guerres sont illégales parce que les personnes qui meurent sont des personnes qui n'ont jamais signé le contrat de guerre. Ce n'étaient pas eux qui élaboraient les règles. Ils finissent par mourir sans aucune cause ni même aucune bonne raison de mourir. Les humains devraient penser aux bonnes règles qui doivent être appliquées à chaque personne dans le monde. La plupart des règles n'ont aucun sens pour les autres. Certaines cultures affectent d'autres cultures par leur mode de vie. De plus, les peuples de certaines cultures vivent de la manière dont vivaient leurs ancêtres.

Lorsque vous cherchez quelque chose à proximité, vous pouvez évaluer la taille exacte de l'objet. Dieu ne regarde pas les humains de loin car il voit tout de près. Lorsque Dieu envoie un ange pour se connecter avec une personne, cela semble être une indication qu'il vit très loin de l'humanité, mais ce n'est pas le cas. Dieu envoie ses anges aux humains;

c'est une relation entre Dieu et les humains. Dans la Bible, nous lisons dans Isaïe qu'une mère ne peut pas oublier son enfant. Si Dieu a installé ce type de sentiments surnaturels au sein de l'humanité, alors qu'en est-il de lui, qui a créé les humains? Il ne peut pas oublier les humains qu'il a créés. Il est impossible à Dieu d'oublier les humains, mais un humain se fait tel que Dieu devrait l'oublier. Dieu a donné les instructions aux humains de le suivre, mais les humains refusent de suivre. Cela ne signifie pas que ces instructions ne sont pas trop difficiles à suivre pour une personne et ainsi vivre une vie parfaite. Les choix que Dieu donne aux humains ne concernent pas le choix en soi, mais aident les gens à avoir Dieu dans leur cœur. L'objectif d'un ange est de s'assurer qu'il respecte l'œuvre de Dieu pour transmettre le message de Dieu aux personnes les plus importantes que Dieu a choisies.

L'esprit d'un être humain a de nombreuses visions, proches et lointaines. Comme je l'ai déjà mentionné, il est essentiel de regarder quelque chose de loin, car des informations erronées peuvent être fournies si facilement. L'esprit humain a l'occasion de douter lorsque l'information est éloignée. Par exemple, lorsque quelqu'un regarde de loin un lion, le lion peut ressembler à un chat domestique, mais quand il s'en approche, il a l'air gros. Si l'esprit fait un mauvais calcul, c'est parce qu'il a une entrée différente de l'objet. On ne peut identifier un objet qu'en regardant son caractère. Mais cela ne nous donnera toujours pas le résultat exact ou la solution nécessaire pour une équation. Lorsque les yeux d'une personne sont fermés, cela ne signifie pas que son esprit est fermé. Il est difficile de connaître les pensées de quelqu'un qui a les yeux fermés. La plupart des gens font des choses différentes à distance. Comme je l'ai déjà dit, un objet vu de loin n'a pas la même taille que lorsqu'il est proche. De la même manière, un lion de loin verra un humain comme petit, à part sentir la chair humaine. Le problème avec les sceptiques est que ces personnes ne peuvent pas percevoir à distance. Une personne doit s'approcher suffisamment pour voir quelque chose afin de l'identifier exactement. Beaucoup de gens disent qu'on ne peut pas juger un livre par sa couverture. Peu importe à quoi ressemble la couverture, cela peut être un bon ou un mauvais livre. « L'autre argument est plus difficile. Si nous devons un jour accepter quelque chose comme connaissance, alors nous devons trouver une preuve ou une garantie et ainsi de suite, pour toujours » (Robinson et Garratt 2006, 36). Je crois que le doute habite l'esprit humain comme je l'ai laissé entendre. Un doute est localisé dans l'esprit humain. Une autre façon de dire cela est que l'esprit humain reconnaît le doute. Dieu ne doute pas des êtres humains car, lorsqu'un ange délivre le message de Dieu à une personne, Dieu n'a pas de doute dans son cœur sur la personne qui recevra son message.

Si l'on examine toutes les connaissances humaines, on peut voir si les gens peuvent nourrir des doutes. « Si c'est douteux et donc 'infecté'. Ensuite, il doit être impitoyablement rejeté comme coulant » (Robinson et Garratt 2006, 40). Descartes a proposé la comparaison d'une pomme ; un mauvais ne doit pas être confondu avec les bons. Quand il y a beaucoup de bonnes pommes et une mauvaise pomme, cette mauvaise pomme fera gâcher toutes les autres. Pour ce qui est de l'idée de Descartes, plutôt que de tout perdre en bloc, il vaut mieux éliminer le plus tôt possible le méchant. La pensée clique à l'intérieur de l'esprit humain pour choisir la bonne idée et rejeter la mauvaise idée plutôt que de concevoir un esprit avec le doute. Un doute gâchera l'idée potentielle dans l'esprit, et le résultat sera toujours négatif. Afin de prendre la bonne décision, l'esprit humain a besoin de découvrir le sens de l'instruction, du problème ou de l'équation. Descartes a dit: « Pour contourner ce problème, je me suis demandé où tous les humains savent. Le rebord vient. J'ai décidé qu'il n'y a que deux sources de connaissance: nos sens et notre raison » (Robinson et Garratt 2006, 41). Les sens aident l'esprit humain avant qu'il ne prenne une décision. On ne peut pas sentir la sauce au poulet dans une marmite et une marmite vide en même temps. Il faudra sentir un pot à la fois, même si l'odeur des deux se propage en même temps. Comme je l'ai déjà mentionné en parlant de matérialisme, les sens ne sont jamais spirituels ; ils fonctionnent physiquement plutôt que spirituellement. Nos propres yeux voient les pommes pourries et les bonnes pommes, et nous pouvons aussi juger sans doute. Les sens humains peuvent créer une énorme illusion dans l'esprit humain en regardant certaines images au loin. Lorsqu'une rivière ne se déplace pas rapidement, vous pourriez dire qu'elle n'est pas assez profonde. Vous pourriez penser que vous n'aurez pas à nager mais que vous pourrez marcher sur l'eau. Lorsque vous faites votre premier pas, vous risquez de vous enfoncer dans l'eau de la rivière. Cela signifie que votre esprit ne vous dit pas la vérité. Mais il vous dit parfois la vérité même lorsque vous ne faites pas confiance à vos sens. C'est pourquoi il vaut mieux contrôler ses sens.

L'esprit humain n'est pas un organe physique mais quelque chose de surnaturel que Dieu a créé pour habiter en chaque être humain. L'esprit humain ne meurt pas comme le cerveau. Le cerveau est une partie physique du corps. Un ange n'a pas de corps physique, donc son corps ne peut pas mourir. Seul le corps humain peut être détruit. Beaucoup de choses se manifestent dans l'esprit humain, mais dans Le Rêve des Anges, je n'ai choisi que la partie philosophique de l'esprit pour en parler. Le plan de Dieu est de faire en sorte que les êtres humains aient un esprit positif en relation avec lui et ses anges. Dans ce chapitre, nous avons appris beaucoup de choses. Bien que The Dream of Angels soit court, il ne manque pas de réflexion et de recherche.

L'esprit d'un ange est plein des desseins de Dieu, et l'ange adore Dieu vingt-quatre heures par jour, sept jours par semaine. Le rêve d'un ange est de porter la bonne nouvelle de Dieu à l'esprit humain. L'esprit humain est livré avec trois objets différents, dont l'un provoque une émotion négative qui doit également être considérée comme un esprit négatif. Beaucoup de gens voient ce monde puis rejettent les critiques négatives à son sujet. En cela, ils se trompent parce que rencontrer un négatif est le seul moyen de faire repenser l'esprit humain, et repenser est le seul moyen de corriger une erreur. Si cette option est rejetée, rien ne sera amélioré dans la vie de la personne. Un ange de Dieu apporte un message d'encouragement à une personne pour l'aider à se souvenir des miracles que Dieu a accomplis dans sa vie. La plupart des gens ont oublié les miracles que Dieu a accomplis dans leur vie. Leurs esprits travaillent et se concentrent sur autre chose plutôt que de regarder les bonnes choses que Dieu fait pour eux chaque jour. L'esprit humain est un esprit d'échec, pointant du doigt de nombreuses choses qui ne sont parfois pas utiles à la personne. Beaucoup de gens dans le monde n'écoutent pas l'esprit d'un ange. L'esprit d'un ange se connecte à l'esprit d'un humain, mais l'esprit humain ne peut pas considérer ce qu'il y a dans l'esprit de l'ange parce que l'être humain est trop occupé par d'autres occupations terrestres. Tout n'est pas mauvais, mais quand même, là où il n'y a pas de considération pour Dieu, rien n'aura de sens.

CHAPITRE 3
Caractère et Comportement

Le caractère est très utile dans une autre dimension; cela s'appelle comportement. Les humains pensent que lorsqu'un ange apparaît à une personne, le but est de sauver et d'aider cette personne, mais ce n'est pas le cas. Le but d'un ange est de rendre gloire à Dieu à tout moment. L'apparition d'un ange montre que le comportement de l'ange est capable de se connecter avec le comportement d'un humain. « Beaucoup d'informations peuvent être obtenues par l'observation, le comportement, en particulier dans des environnements plus « naturels » » (Benson 2007, 12).

Comme nous le savons, la psychologie est basée sur le comportement humain et utilise une méthodologie d'observation. « Le comportement modifie l'environnement par action mécanique, et ses propriétés ou dimensions sont souvent liées de manière simple aux effets produits » (Skinner 2015, 1). Il existe de nombreuses définitions de psychologues et de philosophes. Le comportement d'un ange ne peut pas être pleinement compris par les humains car un ange agit différemment lorsqu'il apparaît à quelqu'un. Lorsqu'un ange apparaît à une personne dans un rêve, le comportement de l'ange est très différent. C'est assez surnaturel pour aider la personne à donner un sens à la vraie vie. Beaucoup de gens ne comprennent pas leurs rêves lorsqu'ils rêvent d'un ange. Lorsqu'un ange apparaît sous forme humaine, les gens sont alors capables de comprendre le message de l'ange directement sans aucune confusion. Selon la perspective chrétienne, le comportement d'un ange est basé sur l'apport de bonnes nouvelles aux gens. Un chrétien peut confirmer que le message vient de Dieu. Les différents comportements des anges ont chacun une fonction différente ; Je ne les énumérerai pas tous ici. Les anges doivent avoir un bon comportement pour se battre pour une personne. Ils doivent également avoir un corps physique comme nous l'avons vu lorsque Jacob se battait avec l'ange. Ce comportement d'un ange combattant avec des humains n'est pas faux car Dieu a créé les humains avec tous les mécanismes dont ils ont besoin pour les aider à se défendre en cas de danger.

Un ange est beaucoup plus puissant, intelligent et spirituel qu'un être humain, mais cela ne signifie pas que Dieu a créé les anges pour qu'ils soient meilleurs que les êtres humains (Genèse 1-2). Aucun des anges n'a été créé à l'image de Dieu, seulement des êtres humains. Comme je l'ai déjà dit, un être humain est aussi un acte humain parce que Dieu a autorisé les humains à bénir d'autres humains. La plupart du temps, lorsqu'un ange apparaît à une personne, le comportement de cette personne doit changer à ce moment-là. L'histoire de Daniel dans la Bible nous raconte le comportement de Daniel lorsque l'ange lui est apparu. Daniel a perdu son souffle quand il a vu l'ange. Cela fait partie du comportement psychologique. Daniel a été transformé. Quand il a perdu son souffle, il est tombé. Si cela avait été une autre personne, elle aurait peut-être appelé à l'aide car, comme nous le voyons, Daniel n'a eu aucune résistance. On pourrait l'appeler épilepsie, mais ce n'est que la visite de l'ange qui a provoqué cette réaction. Si l'on compare Daniel à Jacob, on se rappelle que la côte de Jacob a été brisée par un ange, mais cela ne veut pas dire que l'ange a voulu tuer Jacob lorsqu'il lui est apparu. C'est un pouvoir surnaturel, un comportement différent qui n'apparaît pas dans ce monde physique et matériel.

Le comportement externe est très différent du comportement interne. Par exemple, lorsqu'une personne visite une nouvelle ville, elle ne comprend pas ce qui se passe dans cette ville. Quand je parle de visite, je ne veux pas dire qu'un ange est un visiteur, car les anges sont autour des humains à tout moment. « L'ange du Seigneur campe autour de ceux qui le craignent et les délivre » (Psaume 34 :7). Tant que les anges sont autour de nous, ou plus précisément autour de ceux d'entre nous qui craignent Dieu, ils ne peuvent pas être nos visiteurs. Les anges sont toujours avec nous, physiquement autour de nous à tout moment. Ce qui se passe en présence d'un ange concerne aussi le comportement humain. Lorsqu'un ange reste physiquement avec quelqu'un 24 heures sur 24, 7 jours sur 7, cette personne deviendra très forte en présence de Dieu. Ce type de personne commencera à parler de Dieu à tout le monde d'une manière différente.

Le bonheur est très important pour chaque être humain en termes de philosophie de la motivation. Quand l'esprit humain n'est pas heureux, c'est très décevant. Aussi, le comportement de la personne malheureuse envers les autres sera très compliqué. Les humains ne peuvent jamais devenir des anges parce que les humains et les anges ont deux comportements différents, et les anges n'ont pas cinq sens parce qu'ils n'ont pas de corps humain. Les sens d'un ange sont très différents. Je crois que les anges perçoivent tout de façon surnaturelle. Le monde surnaturel ne peut être comparé à ce monde.

Quelqu'un qui reçoit un message d'un ange aura un comportement différent. Un humain qui respecte Dieu ne rejettera pas les bonnes choses apportées par un ange. Les comportements de l'ange et de l'être humain concorderont pour accomplir l'œuvre de Dieu, et les deux auront une bonne communion si la personne respecte les commandements de Dieu. Le comportement de l'ange ne doit pas nécessairement être très dur envers l'humain, car les humains se comportent très faiblement envers les anges, qui ont une présence différente et un comportement différent lorsqu'ils sont connectés avec les humains. Il y a plusieurs anges, mais ils ne présentent chacun qu'un seul comportement. Un ange n'a pas besoin de cacher son comportement à une personne car les deux comportements sont nécessaires pour travailler au service de Dieu. Un ange ne cessera jamais de communiquer avec un humain tant que le monde existera.

Comme je l'ai déjà dit, chaque personne a un ange personnel qui travaille avec elle. Quand un ange est avec un humain dans un corps non physique, l'ange a un comportement différent. L'humain présente également un comportement différent. Un ange avec l'esprit d'une personne peut aussi communiquer sans que la personne s'en rende compte, mais l'ange sait bien qu'il communique avec l'esprit de l'humain. Une personne se sent toujours différente lorsqu'elle sait qu'elle communique avec un ange. Un être humain se présente avec de nombreuses émotions différentes en présence d'un ange. Un être humain s'humilie en présence d'un ange en essayant de servir l'ange.

Lorsqu'une personne communique avec une autre personne, son comportement lors de la communication est très utile. C'est fascinant de voir deux personnes communiquer entre elles. Certaines personnes se rendent compte après avoir parlé à quelqu'un d'autre, après que cette personne soit partie, qu'en fait elles parlaient à Angel. Après la disparition de l'autre personne, l'esprit conscient de la personne d'origine reviendra à la normale. La conscience d'un humain est différente lorsqu'il parle à un ange sous une forme physique. Comme je l'ai déjà dit, seul un ange peut comprendre pourquoi un humain ne montre aucune résistance en sa présence. Certaines personnes réalisent qu'elles ne parlent à un ange que lorsque l'ange leur apparaît d'une manière surnaturelle. Mais un ange sait comment apparaître dans les deux sens. L'ange sait quand il parle à l'humain et quand il ne parle pas à l'humain. La pression ressentie par un ange est très différente de la pression ressentie par un humain. Lorsqu'un ange reçoit une instruction de Dieu de frapper quelqu'un, cela fait ressentir à la personne en question une pression sérieuse. Dieu n'a jamais dit aux humains son nom. Dans la Bible, le Tétragramme est utilisé pour signifier « Je suis qui je suis », ce qui signifie également « Je suis le présent ». En ce qui concerne le Tétragramme, certains anges ont été nommés par des humains, mais cela ne signifie pas que les anges acceptent ces noms. Beaucoup de gens confondent les noms des anges. Je connais des gens qui ont lu des livres occultes sur les anges. Ces gens pensaient avoir affaire à de bons anges, mais ils se sont vite rendu compte, en voyant leur comportement, que les anges étaient en réalité des démons. Tous ces anges étaient sur le point de le tuer. Ils l'appelaient tous dans le noir. « L'individu se parle à lui-même dans le sens où un système de réponses dans son comportement agit sur un autre

» (Skinner 2015, 180). Nous examinerons un certain nombre de théories scientifiques expliquant pourquoi une personne pourrait se parler. La cause du comportement humain provient de l'esprit. L'esprit peut être affecté par le comportement. C'est ce qu'on appelle un signal réciproque.

Les êtres humains se comportent souvent de manière négative. Il est rare qu'une personne montre son bon côté et se comporte de manière positive. Un ange montre toujours un bon comportement parce que le travail d'un ange n'est pas de servir les desseins du monde mais plutôt de faire l'œuvre de Dieu. Comme nous le savons, « Au stade théologique, les phénomènes sont expliqués comme les actions de dieux et d'esprits fictifs, des êtres surnaturels qui sont similaires aux humains bien que beaucoup plus puissants » (Aldridge 2000, 57). Par contre, quand quelqu'un se parle à lui-même, c'est un sortilège de fétichisme ; la personne parle aux démons plutôt qu'à un ange. Comme je l'ai déjà dit à propos des fantômes, certaines personnes parlent aux fantômes, mais vous pourriez penser qu'ils parlent à eux-mêmes. Un de mes collègues d'école me disait qu'il préfère manger trop quand il agit. Vous pourriez penser qu'il ne finit pas les aliments, mais en fait, il finirait de manger toute la nourriture par lui-même. Il m'a dit qu'il mangeait avec les démons, mais pas avec des anges ou des fantômes. Mon camarade de classe, chaque fois que nous étions en classe, se parlait tout seul. Après les cours, un jour, il m'a dit que les démons voulaient trop de son repas et il leur disait de rentrer à la maison pour pouvoir manger sa nourriture, après quoi il est parti. J'étais assez surpris et effrayé de voir mon camarade de classe parler à des démons invisibles. Dans ce cas, les scientifiques penseraient probablement que mon camarade de classe avait des problèmes de santé mentale, peut-être une dépression ou de l'anxiété, ou une autre maladie mentale. Mais la personne qui se parle sait ce qu'elle dit à ce moment-là. Il ne faut jamais juger un livre à sa couverture. Lorsqu'une personne se parle dans la rue ou dans une maison, ne vous précipitez pas pour juger ou courez vite pour réaliser une expérience scientifique. Parfois, c'est une question de spiritualisme. Chacun a la possibilité de choisir ses propres compagnons, mais en ce qui concerne les conséquences, ils commencent à chercher les anges du vrai Dieu. Un bon choix doit apporter une bonne solution capable d'aider une personne à retrouver la santé sans aucune condition.

Les gens n'abandonneront jamais la recherche d'êtres spirituels qui ont le pouvoir de connaître les secrets de l'univers. Il est toujours dangereux de consulter un être spirituel qui prédit l'avenir car après cet individu ressentira le besoin de détruire à nouveau. Le danger survient lorsque vous n'êtes pas l'un d'entre eux. Si c'est un fantôme que vous consultez, vous devez savoir que le fantôme commencera à vous poursuivre partout où vous irez. La raison en est qu'un fantôme n'a pas de corps humain. Mais un ange n'a pas non plus de corps. La question est alors de savoir pourquoi un ange ne poursuit pas une personne pour la tuer. L'une des réponses est qu'un ange sert Dieu et attend l'instruction de Dieu avant d'agir. Un fantôme, en revanche, peut être une personne décédée mais dont l'esprit n'a nulle part où aller. L'esprit de la personne décédée commence tout juste à se promener. Tous ces êtres ne sont ni fictifs ni les produits d'un rêve mais, au contraire, sont de véritables créatures spirituelles. Cela ne signifie pas que nous devons les classer dans le domaine de la théologie ou de la religion en particulier ou dans le domaine scientifique. Je crois qu'ils ont leurs propres façons d'identifier les êtres spirituels. Leurs comportements ne correspondent pas au comportement des humains. Ils ont leurs propres types de comportements qui leur sont spécifiques. De cette façon, les gens peuvent savoir qui ils sont dans ce monde. Dans le monde dans lequel nous vivons, nous avons chacun un corps naturel, capable de vivre sur cette planète, la Terre. Les astronomes peuvent voyager sur différentes planètes, mais il est toujours impossible pour les êtres humains de vivre sur une autre planète. L'atmosphère d'autres planètes ne peut pas supporter la vie humaine, mais la planète affecte le corps humain lorsqu'elle est connectée à la personne. Si le corps humain était capable d'être soutenu sur une autre planète, alors les gens vivraient sur toutes les planètes. Si les gens commencent à vivre sur des planètes différentes, beaucoup de choses pourraient se produire sur toutes ces planètes. Il vaudrait mieux que les astronomes prouvent d'abord, devant Dieu et tout le monde dans le monde, qu'il est possible pour les gens de vivre sur d'autres planètes. Dans de nombreux endroits où la technologie humaine n'a pas encore voyagé, les gens utilisent certains équipements pour chercher Dieu. Certaines personnes pensent qu'elles peuvent voir Dieu à travers un télescope.

Il n'est pas possible de voir Dieu ou les anges en regardant à travers un télescope. Dans certains pays, les gens portent de gros morceaux de métal autour du cou pour se protéger. Mais toutes ces idées viennent de l'esprit, car l'être humain croit qu'il existe un autre pouvoir bien plus puissant que les humains. Nous ne pouvons comprendre un bon ange que lorsqu'il délivre un message clair qui vient de Dieu, plutôt qu'un message effrayant. Comme je l'ai mentionné précédemment, un homme que je connaissais a consulté de mauvais anges, mais à la fin de la journée, ces mauvais anges ont voulu le tuer. Les gens recherchent de bonnes choses qui peuvent les aider, mais parfois ils trouvent de mauvaises choses qui peuvent les détruire avec quelque chose de bien qui peut les aider. Cela dépend s'ils rencontrent un ange de Dieu.

Un ange présente une sorte de perfection différente de celle de Dieu. Un ange donne vie aux gens, en particulier à ceux qui ont perdu tout espoir et envisagent peut-être de se suicider pour sortir de leur dépression. Un ange de Dieu apporte toujours le message de Dieu aux personnes qui cherchent Dieu dans la prière, lui demandant de les aider à trouver une solution à leurs problèmes.

J'utilise la psychologie dans ce chapitre pour aider un lecteur à comprendre à la fois le comportement des anges et le comportement humain. C'est un débat parce que beaucoup de gens se disent anges. En outre, il est devenu traditionnel d'appeler une personne qui aide les personnes dans le besoin un ange, mais une telle personne n'est pas un ange. Lorsque la même personne vous fait quelque chose de mal, vous ne l'appelez plus un ange. La même personne change entre deux identités, mais elle ne devrait avoir qu'une seule identité en tant qu'être humain. Ce serait mieux si nous considérions un humain comme un humain avec son identité d'origine afin qu'il n'y ait pas de confusion plus tard. Un ange sera toujours un ange pour notre propre protection divine. Ce serait bien pour notre société si les anges devaient rester des êtres surnaturels dans nos esprits. Le comportement d'un ange n'est jamais indistinct, ne montrant ni doute ni hésitation. Un ange se comporte bien lorsqu'il donne un bon message direct à une personne.

Les scientifiques incrédules et les autres qui ne croient pas en Dieu devraient se demander pourquoi le temps ne change pas ses cycles. Certains endroits en Afrique sont très chauds, et ce n'est jamais l'hiver là-bas avec un temps froid comme dans les pays européens. Le temps au Royaume-Uni n'a pas changé depuis que Dieu l'a mis en place. Si Dieu n'était pas le Créateur du monde, alors le temps devrait pouvoir changer. Rappelez-vous également que tout ce qui se fait devrait avoir la capacité de changer. Tant que le temps au Royaume-Uni ne change pas, nous pouvons dire avec certitude que c'est Dieu qui l'a fait. Ce que Dieu a déjà fait avec ses mathématiques ne peut jamais être changé sans sa permission. Aussi, sans Dieu, rien ne peut être modifié. Le comportement de Dieu ne peut pas être contrôlé par un être humain, y compris par un scientifique ou un philosophe. Comme nous le savons, Dieu est l'essence de tout et de tout être humain. Nous ne pouvons pas échapper à Dieu; il sait tout dans l'esprit humain. Avant même de réfléchir, il sait déjà tout. Le comportement d'un ange ne peut pas être expliqué ou démontré en détail en se référant à la religion. Alan Aldridge soutient que « la religion est une illusion non seulement de l'intellect humain, mais de la volonté humaine et du cœur humain » (Aldridge 2000, 61).

Les humains aiment communiquer entre eux lorsqu'ils se rencontrent quelque part. Ils pourraient même fixer un moment pour se rencontrer et avoir une conversation sérieuse. De nombreux philosophes et psychologues ont cherché à démontrer les comportements de Dieu chez les êtres humains, mais cela ne signifie pas que ces personnes connaissaient la pensée de Dieu. La pensée de Dieu ne peut pas être révélée aux êtres humains; sinon, les humains auraient la capacité de devenir Dieu. Dieu ne permettra jamais aux êtres humains de connaître son esprit. Dieu cache son intelligence aux êtres humains afin que les humains comprennent son pouvoir et le respectent. Si un humain pouvait connaître les comportements de Dieu, alors le monde n'attribuerait aucune importance à Dieu. De plus, il n'y aurait aucun secret caché dans le cœur humain – le cœur spirituel, tel que le mental. Lorsque les gens blâment la religion pour certains comportements, c'est parce que la religion est affectée par des principes ou des lois gouvernementaux.

Cela ne signifie pas que les gens doivent rejeter la religion. La religion est composée d'êtres humains; par conséquent, il doit tenir compte du comportement et de l'interaction humains - et c'est alors seulement qu'une personne peut avoir le droit de contester la religion en mettant à jour certaines de ses conditions. Il arrive parfois que Dieu défie les comportements religieux en faisant quelque chose que les membres de cette religion n'ont jamais vu depuis le moment où ils ont créé la religion. Cela ne signifie pas que Dieu agit comme un dictateur envers l'humanité, mais cela signifie que le respect de Dieu est dicté.

Le rêve d'un ange donne à un humain un état d'esprit positif, une pensée claire et une mémoire, ainsi que la capacité de comprendre le sens de l'amour de Dieu. Un ange interagit différemment avec un humain. Chaque fois qu'un humain voit un ange, son esprit doit nécessairement commencer à penser à la présence de Dieu. Quand un ange parle à un humain, l'humain doit écouter. Cela arrive souvent lorsqu'un humain et un ange ont une bonne conversation pour que l'ange emmène la personne dans une dimension différente, comme dans un endroit surnaturel. Si un ange apparaît sous une forme humaine physique, les gens pensent que quelqu'un de naturel leur parle. Dans un tel cas, les gens ont tendance à ne pas paniquer, donc la conversation dure plus longtemps. L'ange ne dit pas à l'humain qu'il est un ange, seulement qu'il y a un message que l'humain doit être conscient de Dieu (Matthieu 1:18-24). En parlant de visites angéliques, c'est toujours le comportement de l'ange qui contrôle l'humain, mais cela fonctionne mieux avec quelqu'un qui est spirituellement fort pour avoir une longue conversation. Les anges sont capables de parler toutes les langues que les humains parlent, et ils ont leur propre langue qu'ils utilisent pour communiquer avec Dieu et entre eux. Personne ne peut empêcher un ange de parler à sa charge personnelle si cette personne a accès à l'ange. Certaines personnes spirituelles connaissent leurs anges personnels et sont capables de communiquer avec eux à tout moment. La disponibilité d'un ange dépend du fait que l'humain vit en perfection avec Dieu. Cette vie de perfection motivera Dieu à envoyer son ange à cette personne.

De plus, d'un autre côté, un ange n'a pas besoin de vivre une vie parfaite car la perfection vient automatiquement à l'ange. L'apparition d'un ange dans la vie d'une personne ne signifie pas que la personne devient puissante. Cette personne peut en effet tout faire, mais seulement par la grâce et la faveur de Dieu. Les anges existent; il n'y a aucun doute sur l'existence des anges. Si certaines personnes croient à l'existence des fantômes, alors pourquoi ne pas croire à l'existence des anges? Différentes personnes croient en différentes choses, mais quand je parle aux gens de l'existence de Dieu, ils l'ignorent simplement, donnant de nombreuses explications pour défendre leur croyance en différents pouvoirs. Le rêve des anges est réel. Il n'est pas nécessaire de refuser ce fait lorsque les gens croient en d'autres êtres spirituels. Les gens prennent ces autres êtres spirituels en considération, mais ils refusent de croire en l'existence de Dieu.

Je le sais quand quelque chose de spirituel ne va pas en moi. D'autres personnes ressentent la même chose lorsque quelque chose ne va pas spirituellement dans leur vie. Certaines personnes voient des anges se manifester, mais elles ne peuvent pas l'expliquer aux autres. Certains choisissent de dire aux autres qu'ils ont expérimenté la présence d'un ange, mais ils ne peuvent pas le prouver. Les scientifiques se concentrent sur la question du monde mais n'explorent pas le côté spirituel du monde. Ils manquent l'occasion de démontrer le but du rêve d'un ange dans une vie humaine. Beaucoup de gens, après avoir vu Dieu se manifester dans leurs rêves, deviennent confus, plutôt que de chercher une bonne façon d'interpréter leurs rêves. Dieu nous avertit de plusieurs manières dans un rêve quand quelque chose est sur le point de nous arriver. Le chapitre suivant concerne les rêves. Le rêve d'un ange ne meurt pas. Non, ce rêve représente une mission permanente jusqu'à ce que la personne arrive à sa fin. Comme je l'ai déjà dit, chaque humain a son propre ange pour le garder en sécurité. La personne et l'ange travaillent ensemble. Chaque personne au sein d'une famille a son propre ange. La direction donnée par un ange est toujours différente de la direction d'un humain, mais cela ne signifie pas qu'un ange ne nous donne une direction que lorsque nous sommes perdus. Avant de nous perdre, les anges nous sont déjà donnés, mais nous sommes trop ignorants pour voir la direction de l'ange. Ce n'est que lorsque nous sommes perdus que nous commençons à chercher la direction d'un ange de Dieu.

Les comportements de nombreuses personnes échouent parce qu'ils perdent leur concentration. Si une personne ne peut pas discerner son propre état d'esprit, alors elle vit définitivement dans le monde des autres. « Je peux me choisir comme regarder comme regarder l'autre et construire par subjectivité sur l'effondrement de la subjectivité de l'autre » (Sartre 1984: 495). C'est un défi de découvrir la raison du comportement de nombreuses personnes; c'est à cause de leur lien avec les comportements des autres. Le comportement d'un ange ne peut pas être affecté par les gens parce que l'ange a une mission spéciale pour transmettre le message de Dieu avec précision à la personne sans aucune interférence des choses de ce monde. Un ange communique très précisément avec un être humain sans aucune hésitation. L'ange est entièrement irréprochable; il contrôle ses propres émotions et aide les humains à cesser leur mauvais comportement. Travailler en équipe n'affecte pas le comportement d'une personne car c'est le travail d'équipe qui rend une équipe meilleure. Lorsqu'une personne est entourée par le bon comportement d'autres personnes, le comportement de cette personne n'en sera pas affecté. Un humain a la capacité de façonner son propre caractère. Comme l'écrit Jean-Paul Sartre: « Si le caractère est essentiellement pour les autres, il ne peut pas être distingué du corps » (Sartre 1984: 458). Le caractère d'une personne l'aide d'abord avant que cela puisse être considéré comme une bonne chose pour les autres. Je crois que beaucoup de gens font certaines choses simplement parce que d'autres le font. En outre, le comportement humain peut être affecté lorsque le comportement ne coopère pas correctement avec le corps humain. Le comportement humain n'est pas affecté jusqu'à ce qu'il s'affecte lui-même. Un concessionnaire automobile ne peut pas être concessionnaire automobile tant qu'il n'a pas vendu une voiture à quelqu'un d'autre.

Cependant, un ange n'a pas besoin de vivre une vie parfaite car la perfection pour l'ange est automatique. L'existence d'un ange dans la vie d'une personne ne signifie pas que la personne devient puissante, mais cela signifie que la grâce et la faveur de Dieu reposent sur cette personne. Dans la plupart des cas, un ange apparaît à une personne qui n'a aucun doute dans son cœur. Si les gens croient à l'existence des fantômes, pourquoi ne pas croire à l'existence des anges? Je connais des gens qui croient en différents pouvoirs supérieurs, mais quand je mentionne l'existence de Dieu à ces gens, ils l'ignorent simplement en donnant de nombreuses explications pour défendre leur croyance en différents pouvoirs. Le rêve des anges est réel. Il n'est pas nécessaire de réfuter ce fait simplement parce que beaucoup de gens croient en d'autres êtres spirituels. Je crois que si quelque chose ne fonctionne pas pour moi, cela fonctionnera pour quelqu'un d'autre et ainsi de suite. Certaines personnes voient des anges se manifester, mais elles ne peuvent pas expliquer le phénomène. Ils peuvent dire qu'ils ont expérimenté la présence d'un ange, mais ils ne peuvent pas le prouver. Les scientifiques se concentrent sur le matérialisme, refusant d'explorer le côté spirituel du monde. Dieu a la possibilité de se manifester dans la vie d'une personne plutôt que de permettre à la personne de chercher une solution ailleurs. Dieu nous avertit de plusieurs manières dans nos rêves parce que les rêves sont très importants. Dans le prochain chapitre, sur les rêves, nous découvrirons l'importance de rêver. Le rêve d'un ange ne meurt pas. Le rêve d'un ange pour un humain représente une mission permanente jusqu'à ce que cette personne atteigne sa fin. Comme je l'ai déjà dit, chaque humain a son propre ange pour le garder en sécurité. L'ange et l'humain travaillent ensemble. Dans une famille, chaque membre a son propre ange. La direction d'un ange est toujours différente de la direction de l'humain. Cela ne veut pas dire qu'un ange ne nous donne une direction que lorsque nous sommes perdus. Avant que nous ne perdions notre chemin, un ange nous a déjà donné une direction, mais nous ne le reconnaissons pas à cause de notre manque de connaissance. Un humain est trop ignorant pour voir la direction d'un ange. Pourtant, si une personne est perdue, elle devrait commencer à chercher la direction d'un ange.

Les anges veulent que les humains se comportent bien afin qu'ils puissent avoir de bonnes interactions avec les humains, afin que les deux puissent travailler ensemble pour la gloire de Dieu. Le christianisme confirme que les anges sont au service de l'humanité, ce qui signifie que leurs caractères doivent être vrais. Si cela est vrai, alors leurs personnages doivent interagir les uns avec les autres. Sinon, les deux personnages seront confondus et l'ange et l'humain se sépareront. Quand deux personnes ne sont pas en bonne relation, elles ne marcheront pas de la même manière. Marcher de la même manière avec un ange est toujours mieux que de marcher avec un humain dont le comportement est évident. Un comportement évident est un échec de l'esprit selon les mathématiques, mais cela ne signifie toujours pas que le résultat doit être rejeté. Un ange a le devoir de décourager tout comportement humain qui n'a pas la capacité de produire de bonnes choses dans la vie. Les gens sont élevés et viennent d'horizons différents. Il est rare que deux personnes issues de deux horizons différents se connectent directement l'une à l'autre. Il faut toujours du temps pour que le comportement de deux personnes trouve une connexion heureuse. Premièrement, les résultats de l'esprit des deux personnes doivent être positifs, et l'une des personnes doit avoir le résultat de l'esprit dominant, qui est un comportement qui peut contrôler d'autres comportements. Si les comportements des deux personnes sont les mêmes en termes de niveau de réaction, les deux ne correspondront jamais, ce qui signifie que ce n'est pas une bonne relation entre les deux êtres humains. Un ange a toujours un bon comportement. Ce comportement est mêlé à la présence de Dieu. C'est la présence de Dieu qui vit dans l'ange pour se connecter avec l'esprit humain. Dieu est toujours plus élevé que tous les petits dieux. Dieu est toujours supérieur aux êtres humains; le comportement humain ne peut pas être supérieur au comportement de Dieu. Quand un ange apporte un message à un humain, c'est un ordre de Dieu; l'ange n'apporte qu'une parole verbale à l'humain. Dans ce cas, Dieu est l'orateur, et l'ange et l'humain sont les auditeurs et les exécuteurs. On dit même que « le comportement verbal lui-même devient une telle variable » (Skinner 2015, 182).

L'émotion d'un être humain n'affecte pas le comportement d'un ange parce qu'un ange ne s'appuie pas sur le commandement d'un être humain. L'être humain a besoin de tout de Dieu. Dieu répond à la personne et pourvoit à ses besoins, surtout s'il existe une bonne connexion directe entre Dieu et cette personne. Si l'émotion d'un humain échoue en raison de son mauvais comportement, cela signifie qu'un ange n'implique pas la personne et ne lui envoie pas le message de Dieu. Lorsque Dieu parle à un humain, sa voix va directement à l'esprit de l'humain sans aucune entrave. Dieu parle verbalement à l'humain, alors ce discours verbal crée un objet, car le comportement humain est toujours différent du comportement de Dieu. Si la personne est une mauvaise personne, son attitude changera instantanément.

Selon Actes 9, Paul n'était pas une bonne

personne au début. Son comportement n'était pas bon envers Dieu parce qu'il a légalement persécuté de nombreux chrétiens avec des ordres qui lui ont été donnés par les grands prêtres. Dans la situation de Paul, il est évident que son comportement était de sa vie antérieure, car le résultat de son esprit était négatif selon la perspective chrétienne. Mais son comportement en lui-même était bon pour persécuter les innocents qui avaient la responsabilité de faire leurs propres choix dans leur vie et qui ont choisi le christianisme comme système de croyance principal. Beaucoup de gens deviennent membres d'une certaine religion parce que leurs parents font ou faisaient partie de cette religion. Dieu sait que chacun réagit différemment selon son état d'esprit. Habituellement, un humain ne fait pas ce qu'il pense. Aucun des philosophes ou des scientifiques ne trouve que l'esprit humain donne un résultat exact. De nombreuses recherches scientifiques ont été tentées sur les animaux, mais les animaux ne pensent pas comme les humains. À la fin de leurs recherches, les scientifiques ont fini par dire qu'ils avaient seulement essayé de découvrir la source du comportement humain mais qu'ils ne pouvaient pas déterminer ce qu'il y avait à l'intérieur de l'esprit humain. Je crois que c'est seulement Dieu qui peut connaître l'esprit humain.

Comme je l'ai déjà dit, le comportement d'une personne peut également être affecté par le comportement d'une autre personne. Si le comportement extérieur d'une personne est plus dominant que son comportement intérieur, alors la personne dépendra de son comportement extérieur. À ce stade, nous le savons, le comportement extérieur peut provenir de l'une des nombreuses sources, telles que la famille, la communauté, le pays, le gouvernement ou le monde entier. La vie de nombreuses personnes a été affectée par leur propre pays et leur comportement change pour quelque chose de différent de la façon dont ils se comportaient dans le passé. Si une personne était bonne autrefois mais qu'aujourd'hui, à cause des problèmes dans son pays, elle se comporte mal, elle a encore une chance de changer. Si quelqu'un était mauvais avant que son pays ne rencontre des problèmes, il ou elle aura toujours un mauvais comportement car c'était son comportement dominant dans le passé.

Un ange a un comportement surnaturel auquel l'humanité ne peut résister. C'est l'une des raisons pour lesquelles lorsque quelqu'un voit un ange, sa vie doit changer. Si quelque chose ne fonctionnait pas correctement dans la vie de cette personne, cette chose doit changer après la visite de l'ange. Un ange n'a pas besoin d'être toujours dans un corps surnaturel pour que les gens se sentent en confiance en sa présence. Beaucoup de gens ne supportent pas de voir un ange dans son corps surnaturel. Il est préférable pour un ange de prendre une forme humaine lorsqu'il apparaît à quelqu'un. Certaines personnes reçoivent de l'aide d'étrangers à différents endroits. Un ange peut également apparaître à une personne lorsqu'elle fait une prière d'intercession pour d'autres personnes qui ont besoin d'aide. À ce stade, Dieu enverra son ange pour aider cette personne. Une fois, certaines personnes intercédaient en priant pour une femme qui cherchait de l'aide. Par la suite, la même femme a vu un inconnu lui apporter une bouteille de lait. Elle ne savait même pas d'où venait cet étranger pour l'aider avec son enfant.

Un étranger peut être aussi un ange, mais cela ne signifie pas que tout étranger est un ange. Lorsque votre ange a un lien avec Dieu pour accomplir quelque chose, des choses étranges peuvent se produire dans votre vie. Je me souviens d'une petite nouvelle qui s'est répandue dans l'un des pays d'Afrique. L'idée était que toute personne qui rencontre un étranger qui demande un verre d'eau doit donner à cette personne un verre d'eau car il pourrait s'agir d'un ange. Au moment où j'ai entendu cela, j'étais très jeune. J'attendis de voir un inconnu venir me demander un verre d'eau. Tout le monde dans le pays attendait de la même manière d'aider un étranger avec un verre d'eau. Cette idée a affecté le comportement de l'ensemble de la population. Si quelqu'un refusait de donner un verre d'eau à quelqu'un d'autre, alors la personne qui refusait ne serait pas bénie. A cette époque, en tant que jeune, je souhaitais avoir le pouvoir de servir un étranger. Aider un étranger n'est pas une mauvaise chose, mais beaucoup de gens trouvent que c'est une chose très difficile à faire.

La religion apporte l'amour. Cet amour n'est pas destiné à être caché mais à pratiquer. Lorsqu'il est pratiqué, il se satisfait alors. Comme nous le lisons dans le passage biblique:

« Car j'avais faim et tu m'as donné à manger; J'avais soif et tu m'as donné à boire; J'étais un étranger et tu m'as accueilli; J'étais nu et tu M'as vêtu ; J'étais malade et tu M'as rendu visite ; J'étais en prison et tu es venu à Moi. Alors les justes lui répondront en disant: « Seigneur, quand t'avons-nous vu affamé et te nourrir, ou avoir soif et te donner à boire?

Quand t'avons-nous vu étranger et t'avons-nous accueilli, ou nu et t'avons-nous vêtu? Ou quand t'avons-nous vu malade, ou en prison, et sommes-nous venus à toi? Et le Roi leur répondra et leur dira: « Assurément, je vous le dis, puisque vous l'avez fait à l'un des plus petits de mes frères, vous me l'avez fait. » (Matthieu 25:35-40)

L'étranger que vous rencontrez pourrait être Jésus-Christ, car seul Dieu peut secrètement se transformer en un humain. L'apparence d'un ange est très différente. Un ange peut apparaître à un humain de plusieurs manières. C'est à la personne de discerner qui est humain et qui est un ange. Lorsque le comportement d'une personne ne correspond pas à la Parole de Dieu, il est très difficile pour un ange de transmettre le message de Dieu à cette personne. Un humain peut également détecter un ange qui ressemble à un être humain. Cette capacité de détection, selon la perspective religieuse, s'appelle le discernement. Lorsqu'un ange parle à une personne de sa vie ou suggère que la personne fasse quelque chose pour obtenir un bon résultat, cela lui fait penser à des choses étranges qui lui arrivent, comme lorsqu'un étranger vous parle d'un problème personnel. matière. B. F. Skinner soutient que « dès qu'un homme a commencé à parler ou à écrire, son propre comportement génère des stimuli pour des réponses échoïques, textuelles ou intraverbales » (Skinner 2015, 25). C'est l'un des signaux, que les humains sont capables de reconnaître, qu'un ange apparaît sous forme humaine. Lorsqu'un être humain parle à quelqu'un d'autre, il est facile pour la personne de le reconnaître en sentant la présence de l'autre personne, ce qui n'est pas la même chose que la présence d'un ange.

Les comportements de nombreuses personnes sont affectés par des choses qui manquent dans leur propre pays. Le business de la guerre affecte le comportement de la population en provoquant une crise dans la société. Les bons comportements de nombreux jeunes se transforment en mauvais comportements en raison des effets des guerres dans leur pays. J'ai rencontré deux jeunes gens qui avaient été élevés dans un pays en guerre. Ils étaient venus vivre au Royaume-Uni. Ils se sont battus sur le lieu de travail. Chacun d'eux avait servi un parti politique différent dans le pays dont ils étaient originaires. Ces partis politiques avaient l'habitude de se battre. Lorsque les deux jeunes hommes se sont rencontrés au Royaume-Uni, ils étaient toujours engagés dans le conflit. Ils ne s'aimaient pas et cela se voyait quand ils étaient au travail. C'était très difficile pour moi de leur dire d'oublier le passé. Je leur ai dit qu'ils étaient maintenant dans un autre pays et non plus dans ce pays déchiré par la guerre. Leur comportement l'un envers l'autre n'était pas bon. Ils se regardaient souvent avec des expressions de colère sur le visage. En conséquence, l'un d'eux doit quitter le lieu de travail; sinon, tout le lieu de travail finirait par être en guerre. Ce genre de comportement nécessite qu'un ange touche le cœur des personnes affligées afin qu'elles puissent se réconcilier.

Parfois, une personne peut rêver de quelqu'un d'autre qui craint Dieu. Il arrive dans le rêve que la personne qui craint Dieu se bat pour le rêveur. Ce rêve signifie que l'ange de l'autre personne aide celui qui rêve. J'en discuterai davantage dans le prochain chapitre. Aider un étranger n'est pas une mauvaise chose, mais cela demande un bon discernement pour le faire correctement. J'étais avec un ami à la gare. Un étranger s'est approché de nous et nous a demandé des pièces de monnaie. J'ai refusé de l'aider. Mon ami qui était avec moi a donné des pièces à l'homme. Puis mon ami m'a demandé pourquoi j'avais refusé d'aider l'étranger en lui donnant quelques pièces. J'ai dit à mon ami: « Je ne sais pas. Parfois, je n'ai pas envie d'aider. Mon ami n'était pas content de mon comportement. Quelques minutes plus tard, ce même inconnu nous revient. Il m'a regardé et m'a dit: "Tu es une personne très intelligente." À ce jour, je ne sais toujours pas pourquoi il m'a dit ça. Mon ami et moi nous sommes regardés, réalisant que, vu la façon dont l'homme m'avait parlé, j'avais raison de ne pas l'avoir aidé. Dans ce cas, je crois que l'étranger n'était pas un ange. S'il avait été un ange, j'aurais peut-être senti qu'un ange était présent.

Apprendre à connaître la personnalité est une partie très importante du béhaviorisme. Selon Butler et McManus, « la personnalité reflète un ensemble caractéristique de comportements, d'attitudes, d'intérêts, de motivations et de sentiments à l'égard du monde » (Butler et McManus 2014, 92). Je ne parlerai pas ici de tous les principes de la personnalité ; Je résumerai simplement le comportement d'un ange. La personnalité d'un ange est qualitative en ce sens qu'il fait tout ce que Dieu lui ordonne de faire, ainsi que de protéger tous ceux qui craignent Dieu du danger. Cela implique plus que de protéger quelqu'un d'un accident de voiture ou d'aider quelqu'un à fuir un immeuble. Cela implique également une protection contre la tentation, comme nous le lisons dans le Nouveau Testament: « Et ne nous induis pas en tentation, mais délivre-nous du malin » (Matthieu 6 :3). Les gens peuvent vous laisser tomber et vous inciter à la tentation, mais les devoirs de l'ange de Dieu sont basés sur la protection de ceux qui craignent Dieu. Dieu ne rejettera pas un ange qui le respecte. Il est important pour un être humain de prendre en considération, avec toutes ces expériences psychologiques, qu'un ange est un être surnaturel créé par Dieu. Si aujourd'hui Dieu enlevait tous ses anges qui marchent à côté de tous les humains, alors les humains seraient des êtres spirituels non protégés. Une machine sans guide technique est difficile à réparer. Quand quelque chose tombe en panne, il n'y a pas de technicien capable de le réparer. Dieu est l'ingénieur ; les anges sont les techniciens qui s'occupent de la maintenance des équipements. Le type d'aide qu'une personne peut recevoir d'un ange dépend toujours de la relation entre cette personne et Dieu. L'ange n'est que l'exécuteur de Dieu.

Les gens se souviennent de Dieu lorsqu'ils sont en danger, mais ils oublient de penser que les anges de Dieu les observent tout le temps. Considérez la période de pluie à l'époque de Noé et comment le peuple avait alors besoin de Dieu en premier lieu. Plus notre situation est désespérée, plus nous avons besoin de Dieu dans nos vies. Il est bon de savoir que Dieu est impliqué dans notre vie de tous les jours, plutôt que d'avoir à attendre un jour de tristesse à venir. Dans la personnalité, c'est la conscience humaine qui supplie un ange de recevoir un message de commandement élevé de Dieu pour faire quelque chose pour empêcher une personne de détruire ou de tuer. Lorsqu'un ange détruit un être humain par instruction de Dieu, cela signifie que l'être humain n'a pas respecté les instructions de Dieu. Lorsqu'une personne ne souhaite plus faire appel à Dieu, elle appelle les dieux à l'aide, à la fois inconsciemment et consciemment. Une telle personne n'aura plus accès à l'ange de Dieu.

Quand les gens n'ont pas de respect pour Dieu, Dieu ne change pas. Il a établi ses lois pour quiconque respectera sa loi. La conscience d'un ange n'est pas basée sur le mauvais esprit; sa conscience est sainte et parfaite, meilleure que celle d'un humain, qui est mauvaise. Les anges gardent le message de Dieu très sûr. Si Dieu donne à un ange un message à transmettre à une personne en particulier, l'ange ne transmettra jamais ce message à une autre personne. Comme nous le savons pour avoir beaucoup appris sur le comportement d'un ange, un ange est un bon reflet de l'adoration de Dieu seul au moment où un ange est vivant. Les anges respectent le message de Dieu. Le message de Dieu rappelle aux gens ce que Dieu a fait dans leur vie. Chaque fois qu'un ange de Dieu répète des paroles à un être humain pour glorifier Dieu, l'ange le dit d'une manière spirituelle parce qu'il cherche à se glorifier, pas lui-même. Dieu ne permettra jamais à un ange de devenir Dieu. Dieu ne permettra jamais à un être humain de devenir Dieu.

Lorsque nous étudions les anges, nous n'avons pas besoin de nous tourner vers la religion car les anges n'appartiennent à aucune religion. Les anges sont partout dans ce monde. Dieu peut envoyer un ange à qui il veut. Le comportement d'un ange, comme nous l'avons appris, est résolument spirituel en faisant l'œuvre de Dieu tout le temps et en travaillant avec les humains s'ils gardent les commandements de Dieu dans leur cœur. Les anges ne détestent pas les êtres humains. Cela ne fait pas partie du comportement d'un ange.

Un ange est plus spirituel qu'un être humain et ne s'intéresse qu'au monde spirituel et non au monde physique. Un humain est matérialiste plutôt que spirituel à cause de son corps. Premièrement, l'être humain et l'ange ont besoin d'une connexion spirituelle avant que quelque chose puisse se produire entre eux physiquement. Si aujourd'hui un ange s'intéresse aux choses matérielles de ce monde, c'est un mauvais ange, pas de Dieu. Un ange suit les instructions de Dieu mais ne suivra pas les instructions d'une personne qui n'est pas connectée à Dieu. Il faut une connexion entre Dieu et un humain pour qu'un ange transmette un message à la personne ; sinon il n'y aura pas de connexion. Un ange n'abandonnera pas l'humain auquel il est assigné sans la permission de Dieu et à moins que Dieu n'ait dit à l'ange d'exécuter un certain plan. Un ange a la capacité de parler de Dieu à une personne en donnant le message de Dieu à cette personne, et ce message doit avoir du sens pour l'esprit de la personne. L'expérience d'un ange en relation avec un humain consiste à rester en présence de Dieu pour toujours, mais un être humain ne reste pas longtemps en présence de Dieu. Rester pour toujours en présence de Dieu rend les anges heureux sans avoir besoin des choses de ce monde. Il n'y a rien dans ce monde qui puisse rendre un ange heureux.

Les êtres humains ne restent pas longtemps en présence de Dieu, ils sont donc toujours incapables de connaître la pensée de Dieu. Le Saint-Esprit connaît la pensée de Dieu. Comme le dit la Parole: « Car quel homme connaît les choses d'un homme si ce n'est l'esprit de l'homme qui est en lui? De même, personne ne connaît les choses de Dieu si ce n'est l'Esprit de Dieu » (1 Corinthiens 2:11). Si les êtres humains étaient capables de connaître la pensée de Dieu, ce monde serait différent. Tout le monde pouvait faire ce qu'il voulait et il n'y aurait pas de mort. Quoi qu'un humain pense, il ou elle ne deviendra jamais Dieu. Un ange en témoigne à chaque fois qu'il délivre un message à un humain. Un ange ne peut pas être corrompu ; il garde son individualisme plein de connaissance de Dieu, et il reste très intelligent envers l'humanité. Les êtres humains peuvent échouer, mais un ange de Dieu ne peut pas être induit en tentation. Comme je l'ai déjà dit, les anges protègent les humains de la tentation.

Un ange connaît la situation de la personne auprès de laquelle il est envoyé marcher. Lorsqu'un ange de Dieu transmet le message de Dieu à une personne, l'ange devra contrôler cette personne spirituellement s'il veut bien comprendre le message de l'ange. Lorsqu'un ange n'aide pas un humain dans sa situation, cela signifie que l'ange n'est pas de Dieu, comme je l'ai déjà dit. Beaucoup de gens deviennent des adorateurs des anges. Si vous adorez un ange, cela signifie que ce n'est pas un ange de Dieu. Le genre d'ange qui consent à être adoré n'aime pas Dieu. Si un ange n'aime pas Dieu, alors cet ange n'aimera jamais un être humain. Il est de notoriété publique que lorsque quelqu'un ne vous aime pas, cette personne est votre ennemi parce qu'un ennemi est quelqu'un qui n'aime pas les choses que vous aimez.

Un ange apprend chaque jour à vivre en présence de Dieu. Après qu'un ange ait passé du temps en présence de Dieu, il répondra au comportement de Dieu. Lorsqu'un ange apparaît à une personne, le comportement de cette personne doit être affecté car elle voit un ange sous sa forme surnaturelle. Les êtres surnaturels sont créés par le même Dieu qui a créé les humains à son image. Un être humain est plus important qu'un ange parce que l'être humain a été créé à l'image de Dieu. C'est pourquoi les anges considèrent les êtres humains comme très importants et ne permettent pas aux êtres humains de les adorer. Comme je l'ai déjà dit, Dieu n'adore pas les anges. Si Dieu commençait à adorer les anges, quelle serait l'importance de Dieu? Quand un humain perd sa dignité et commence à adorer des anges, plaçant ses espoirs en eux, ces anges ne viennent pas de Dieu et cette personne ne sera jamais bénie par Dieu. De plus, il est interdit à une personne qui vénère un ange de jouir de la communion avec Dieu jusqu'à ce qu'elle retourne à Dieu, qui est le Créateur de tout. Dieu est celui qui a créé les anges, mais les êtres humains ont plus de valeur que les anges selon Dieu. Un bon ange a l'obligation de déplaire à ceux qui adorent les anges. L'interaction entre un ange et un humain est très importante. Lorsque les deux communiquent, Dieu est avec eux. Dieu ne permet pas aux gens d'adorer les anges, mais beaucoup de gens le font dans leur ignorance après avoir lu des livres sur les faux anges.

CHAPITRE 4

Qu'est-ce qu'un Rêve ou une Vision?

Les rêves se produisent non seulement lorsqu'une personne dort, que ce soit la nuit ou le jour, mais aussi n'importe quand et n'importe où, et lorsqu'un humain envisage de faire quelque chose de mieux à l'avenir. Le rêve d'un ange consiste à travailler avec l'humanité, à suivre et à respecter à la fois le message de Dieu et les messages humains.

Dans les deux ouvrages d'Aristote où il est fait mention des rêves, ils sont déjà considérés comme constituant un problème de psychologie. On nous dit que le rêve n'est pas envoyé par Dieu, qu'il n'est pas d'origine divine mais d'origine démonique. Car la nature est réellement démoniaque, non divine; c'est-à-dire que le rêve n'est pas une révélation surnaturelle, mais est soumis aux lois de l'esprit humain, qui a, bien entendu, une parenté avec le divin. Le rêve se définit comme l'activité psychique du dormeur, mashurch pendant qu'il dort. (Freud et Brill 1997, 6).

Un rêve peut signifier beaucoup de choses différentes. Parmi les nombreuses significations qui peuvent être attribuées aux rêves, je ne discuterai que des deux significations les plus importantes. Selon à la fois le sens scientifique et le sens surnaturel, les rêves ont un impact sur la vie humaine. Scientifiquement, un rêve représente quelque chose que la personne pense, en particulier lorsqu'elle a fait quelque chose ou vu quelque chose avant de s'endormir, que ce soit la nuit ou le jour. Un rêve humain lorsqu'il dort et rêvera de différents scénarios, parfois traversant une grande rivière, parfois en sautant, ou parfois en volant, parmi les nombreuses autres images qui peuvent venir à l'esprit humain. Beaucoup de gens interprètent les rêves de la mauvaise façon. Certaines personnes font de l'interprétation des rêves leur affaire. Le rêve d'un ange ne peut pas être interprété parce que les anges ne dorment pas. En cela, ils sont très différents des humains. Les rêves des anges et les rêves des humains par nature n'ont pas le même sens.

Parfois, lorsque nous rêvons, nos rêves n'ont aucun sens pour nous parce que nous pensons en tant qu'êtres humains plutôt qu'en tant qu'anges. Lorsque nous sommes éveillés, nous ne pouvons pas nous souvenir des choses que nous avons vues dans nos rêves. Nous trouvons les rêves sans importance parce que les rêves n'ont pas de sens pour nous. Lorsqu'un rêve n'a pas de sens, c'est probablement parce que la personne a mal interprété le rêve. Les gens peuvent ne pas réaliser leurs rêves automatiquement tant que le monde existe encore.

J'ai fait une expérience en 2015. Avec un groupe de quatre personnes, j'ai demandé à chacun de partager avec nous ce qu'il ou elle rêvait. Chaque personne a également partagé son rêve avec une autre personne. Ces personnes sont venues découvrir le sens de leurs rêves sans mon explication. Je crois qu'une personne peut connaître le sens de son rêve sans que quelqu'un d'autre l'interprète. Certaines personnes peuvent comprendre la signification d'un rêve qu'elles ont fait lorsqu'il leur arrive quelque chose le jour même ou le lendemain de leur rêve. Lorsqu'une personne me parle de son rêve, j'utilise de nombreuses techniques pour comprendre le rêve, mais la meilleure technique est de demander à Dieu de l'expliquer soit à moi, soit à la personne qui l'a rêvé. Rêver est très important, mais certaines personnes ne rêvent pas, pour de nombreuses raisons différentes. Si un ange veut apparaître à une personne dans un rêve, c'est toujours possible. Rien ne peut empêcher l'ange de le faire car l'instruction vient de Dieu. Certaines personnes, lorsqu'elles rêvent d'un rêve, apparaissent également dans le rêve. C'est un double rêve; vous rêvez un rêve en plus d'un autre rêve. Il existe de nombreux principes et méthodes que les gens utilisent pour interpréter les rêves. Comme je l'ai déjà dit, certains rêves sont faux, mais certains rêves sont vrais. Chaque rêve a en lui la possibilité de sa propre interprétation. Si tel est le cas, alors un rêve ne peut pas être scientifique et doit être quelque chose de spirituel. Les morts ne peuvent pas rêver car leur corps n'est plus connecté à leur esprit. Je dis toujours que s'il était possible d'interroger chaque personne sur ses rêves avant de mourir, la plupart d'entre eux diraient qu'ils ont effectivement vu quelque chose avant de mourir. Certains d'entre eux diraient qu'ils rêvaient de rêves de quelqu'un qui essayait de les tuer ou qu'ils étaient morts dans le rêve. Puis, quand ils se sont réveillés, quelque chose de grave s'est produit et la mort est arrivée.

Avant d'écrire Le Rêve des anges, je me disais: Comment vais-je commencer à écrire ce livre sur les rêves des anges? Ensuite, j'ai décidé d'utiliser un certain nombre de méthodes pour décomposer mes idées et discuter de mes recherches en philosophie et en psychologie. Rêver n'est pas une mauvaise chose. Nous sommes humains, nous devons donc rêver. Ce qui est important, c'est comment nous interprétons nos rêves. Beaucoup de gens vont voir des interprètes de rêves spirituels ; certains consultent des psychiatres. Si un rêve n'est pas une chose spirituelle, alors pourquoi beaucoup de gens consultent-ils des personnes spirituelles pour interpréter leurs rêves? Quand les gens parlent de leurs rêves, je découvre que beaucoup d'entre eux rêvent de leurs amis, épouses, enfants et collègues, entre autres. Je trouve très intéressant que mes propres rêves soient utiles quand je sais les interpréter.

Lorsqu'un ange apparaît dans un rêve, Dieu considère qu'il est très important que quelque chose de spécifique soit fait pour aider la personne qui rêve ce rêve. Un ange peut apparaître dans le rêve d'une personne avec des vêtements blancs et un corps brillant, ou l'ange peut apparaître sous la forme d'un humain. Un ange peut également apparaître comme l'image d'une personne connue du rêveur. Lorsqu'un ange apparaît à une personne d'une manière brillante et surnaturelle, cela signifie que la personne doit éliminer le doute de son esprit. De plus, cette personne doit respecter le commandement de Dieu si elle avait déjà eu des doutes sur Dieu. La plupart de ces rêves ont une signification forte. Il existe une interprétation directe du rêve d'un ange au corps brillant ou à l'apparence surnaturelle. Ce type de rêve signifie toujours que Dieu a quelque chose d'urgent à dire au rêveur. Un grand exemple de ceci apparaît dans le Nouveau Testament: « Mais tandis qu'il réfléchissait à ces choses, voici, un ange du Seigneur lui apparut dans un songe, disant: 'Joseph, fils de David, n'aie pas peur de prendre toi, Marie, ta femme, car ce qui est conçu en elle est du Saint-Esprit » (Matthieu 1:20). Si Joseph n'avait pas écouté l'ange ou n'avait pas obéi au commandement de l'ange de Dieu, aujourd'hui, ce passage de la Bible se lirait différemment.

Un cauchemar est un rêve qui vient de Dieu lorsqu'il veut avertir un être humain de quelque chose qu'il n'aime pas. Dieu avait l'habitude d'envoyer l'ange de la mort: « Alors l'ange du Seigneur sortit et tua dans le camp des Assyriens cent quatre-vingt-cinq mille; et quand les gens se levaient tôt le matin, il y avait les cadavres tous morts » (Isaïe 36:37). Il y a aussi des cauchemars sur le mal, comme des personnes méchantes qui attaquent spirituellement de bonnes personnes. Ce type de cauchemar signifie peut-être que beaucoup de gens se méprennent sérieusement sur Dieu. Beaucoup de gens pensent que Dieu tue les gens sans raison valable. De nombreuses personnes, lorsqu'elles dorment nues, font parfois des cauchemars, mais certaines personnes qui dorment nues n'en font pas. Le dessein de Dieu est que les êtres humains aient une bonne vie et de beaux rêves sans mort accidentelle ni maladie incurable. Dieu veut que tout le monde ait la vie en abondance et profite du bonheur ici sur terre et après la mort. En Dieu, il y a la vie après la mort. « 'Je suis le Dieu d'Abraham, le Dieu d'Isaac et le Dieu de Jacob.' Dieu n'est pas le Dieu des morts, mais des vivants » (Matthieu 22 :32). Un être humain ne peut pas échapper à l'apparition d'un ange dans un rêve. Si Dieu décide d'envoyer son ange à une personne dans un rêve, alors rien ne peut empêcher Dieu de le faire. Les cauchemars se produisent surtout lorsque quelqu'un fait quelque chose de mal et que quelque chose de mal est sur le point de se produire, auquel la personne doit faire très attention. Beaucoup de gens rêvent qu'ils sont morts dans un rêve. Il est peu probable que de telles personnes voient quelque chose de mal se produire dans leur vie.

Il est préférable pour moi d'expliquer ces rêves et leur signification à ce stade. Les rêves ne peuvent avoir qu'une explication scientifique. Un scientifique pourrait dire que parce qu'une personne s'est disputée avec quelqu'un d'autre pendant la journée, cette personne doit avoir la même dispute avec la même personne dans un rêve la nuit. Et si une dispute avec la même personne commençait dans un rêve? Cela arrivera-t-il aussi pendant la journée? Je ne sais pas comment une expérience scientifique serait capable de démontrer ce rêve. Revenons maintenant en arrière et pensons à la Cause Première. Lorsque nous pensons à la Cause Première, nous pensons à l'esprit parce que l'esprit humain n'est pas physique et ne meurt pas. Parce qu'elle ne meurt pas, la personne continue à vivre après la mort, mais pas dans le corps physique.

Lorsqu'un rêve devient réalité, cela signifie qu'une personne a d'abord rêvé de quelque chose, puis que cela s'est produit quelques jours plus tard. Quelque chose se passe d'abord dans un rêve avant de se manifester dans la réalité. Dieu veut que les gens le cherchent. Ce que Dieu promet, il l'accomplit toujours. Dieu a dit à son prophète Jérémie: « Appelez-moi, et je vous répondrai et je vous montrerai des choses grandes et puissantes que vous ne connaissez pas » (Jérémie 33 :3). La présence de Dieu est trop forte pour qu'un humain y résiste. C'est l'une des raisons pour lesquelles Dieu envoie ses anges aux êtres humains, pour avoir un bon contrôle sur l'esprit des gens. Dieu donne à chaque personne la possibilité de l'inviter à recevoir un bon message de ses anges. Rêver change la vie des gens. Lorsque vous rêvez quelque chose de beau dans un rêve, restez fidèle à ce rêve et faites appel à Dieu pour vous guider et protéger votre rêve. De plus, lorsque vous rêvez que quelque chose de mauvais pourrait entrer dans votre vie, faites de votre mieux pour prier Dieu de vous aider à éviter ce danger particulier.

Lorsqu'un ange apparaît à une personne dans un rêve, c'est pour démontrer la puissance de Dieu. Parfois, il est préférable que Dieu contacte une personne à travers un rêve. Cela ne signifie pas pour autant que Dieu dort; il ne dort pas. Il fait rêver une personne de lui parce qu'il veut se connecter avec cette personne pour la guider. Certaines personnes contactent des astrologues pour leur expliquer la signification de leurs rêves. La majorité des astrologues interprètent mal le rêve des gens; c'est un danger pour les personnes qui contactent les astrologues. Certaines personnes se réveillent avec une blessure dans la vraie vie et elles ne savent pas d'où vient la blessure. S'ils réfléchissaient correctement, ils sauraient qu'ils ont rêvé le type de rêve qui se réalise dans la vraie vie. S'ils ne demandent pas son aide à Dieu, ils pourraient ne pas être en mesure de comprendre la signification de ce rêve. Tout le monde a le droit de rêver. Quand vous dormez, vous devez rêver. Mais si vous ne pouvez pas vous souvenir de vos rêves, cela signifie que vous étiez très profondément endormi.

Chaque religion a sa propre façon d'interpréter les rêves. Dans l'Islam, les musulmans consultent leurs imams pour déterminer le sens de leurs rêves. Cela montre l'empressement des êtres humains à connaître le pouvoir qui se cache derrière les gens. Certaines personnes consultent des magiciens pour découvrir le sens de leurs rêves. Dans Genèse 37, nous trouvons l'histoire de Joseph, qui décrit beaucoup de choses sur les rêves. Le premier rêve de Joseph était quelque chose qui prédisait le tourment qu'il recevrait aux mains des membres de sa famille. Ses frères connaissaient le sens de son rêve, mais Joseph lui-même ne le savait pas; sinon il se serait enfui de son père et de ses frères. S'il avait essayé de s'enfuir, peut-être que son rêve n'aurait eu aucun sens parce qu'il s'était peut-être enfui au mauvais endroit. Une personne qui connaît la signification d'un rêve doit attendre des années avant que le rêve ne se manifeste dans la vie réelle. C'est la même chose que quelqu'un qui a beaucoup d'argent mais qui n'a pas l'intelligence de gérer cet argent. Ce type de personne doit embaucher des personnes pour gérer son argent. Si vous avez un rêve mais que vous ne connaissez pas sa signification, alors vous ne pouvez pas vous améliorer à cause du rêve et, à la fin, vous aurez besoin d'une personne ou d'un moyen pour expliquer vos rêves. Joseph rapporta son rêve à son père, qui lui donna la même explication. Comme je l'ai déjà dit, chaque rêve a une explication. Le rêve de Joseph avait une bonne explication, mais avant que le rêve puisse être réalisé, il a dû endurer une vie difficile remplie de souffrance. S'il n'avait pas respecté Dieu, alors son rêve n'aurait pas été accompli parce que le rêve venait de Dieu et Dieu avait un bon plan pour la nation d'Israël qui dépendait du rêve de Joseph. Joseph savait qu'il était doué de la capacité d'interpréter les rêves lorsqu'il est allé vivre dans la maison de Potiphar, un érudit. Certains disent que Joseph a été vendu cinq fois avant d'arriver chez Potiphar. Cela pourrait être juste compte tenu de la géographie de la région et de l'histoire de la traite négrière. De l'endroit où Joseph a été acheté en Égypte, il y a une longue distance à parcourir.

Malgré la distance entre Israël et l'Égypte, de nombreux commerçants d'esclaves israélites opéraient en Égypte. Les marchands d'esclaves qui vendaient des esclaves africains dans les années 1800 ont voyagé avec ces esclaves dans de nombreux pays pour les vendre (Gascoigne 2020), allant du Ghana, par exemple, aux îles des Caraïbes en passant par l'Amérique du Nord. Avant d'arriver sur le continent nord-américain, les esclaves noirs étaient vendus sur le marché aux esclaves. Le même système s'appliquait sûrement à de nombreux marchands d'esclaves à l'époque biblique, bien qu'ils auraient utilisé une méthode différente. Dans de nombreuses histoires d'esclavage, il est indiqué que de nombreux esclaves noirs pouvaient parler en langues (convictions chrétiennes). Cela signifie que les anges de Dieu étaient avec eux. Comme je l'ai déjà dit, chaque personne a son propre ange qui la protège. Joseph avait un ange avec lui parce que Joseph était une personne qui craignait Dieu. Joseph a apporté un nouveau système d'interprétation des rêves en Égypte en y consultant Dieu. Lorsque Joseph était en prison parce que Potiphar l'avait accusé, il n'était pas seul dans sa cellule. En effet, il interprétait les rêves des autres prisonniers. Il n'a pas utilisé son don pour se lancer dans l'analyse des rêves. Je crois que beaucoup de gens utilisent la technique d'interprétation des rêves de Joseph pour ouvrir leur propre entreprise, mais ils ne donnent pas de crédit à Joseph ou ne se réfèrent pas à Dieu. Comme nous le savons tous, avant de discuter de l'état actuel de quelque chose, vous devez savoir que cette chose est passée. L'histoire de quelque chose est très importante à connaître. C'est toujours la meilleure chose à savoir sur quelqu'un, comment cette personne a vécu au sein de la société. Joseph a interprété les rêves de nombreuses personnes sans consulter de magiciens ni utiliser de sorts magiques. Beaucoup de gens utilisent de nombreuses techniques qui ne sont pas en rapport avec la Parole de Dieu. Aujourd'hui, au XXIe siècle, beaucoup de gens consultent encore des magiciens plutôt que de consulter Dieu (Romains 1:21-32). Lorsque quelqu'un connaît le sens de votre rêve, cette personne a les clés principales de votre rêve et est donc capable de manipuler le résultat de votre rêve ou même de l'empêcher de se produire. Ce n'est pas une bonne idée de parler de vos rêves à trop de gens, car d'autres personnes peuvent détruire vos rêves. Lorsqu'une autre personne sait quand votre rêve peut se réaliser, elle est capable de détruire votre rêve et d'utiliser de nombreuses méthodes pour l'empêcher de se produire. Les frères de Joseph ont retardé la réalisation des rêves de Joseph en le vendant à des marchands d'esclaves dans l'espoir d'empêcher son rêve de se réaliser. Beaucoup de gens utilisent le même système mais une méthode différente pour empêcher les rêves des gens de se réaliser.

Le don de Joseph d'interpréter les rêves l'a aidé à devenir une personne précieuse à connaître en Égypte. À cette époque, les Égyptiens s'appuyaient également sur des magiciens pour interpréter leurs rêves. Lorsque Joseph a démontré que l'interprétation d'un rêve vient de Dieu, alors les magiciens étaient confus (Genèse 40-41). Deux prisonniers de Pharaon suggérèrent à Pharaon d'inviter Joseph chez lui pour lui donner le sens de son rêve que le magicien ne put expliquer. L'un de ces prisonniers a d'abord attendu d'entendre l'explication de Joseph sur le rêve de son ami, l'autre prisonnier. Lorsqu'il sentit que l'interprétation de Joseph était juste, il parla à Joseph de son rêve. Je crois que ce prisonnier doutait de Joseph parce qu'il le jugeait sur la base de son apparence, s'étant attendu à ce qu'un interprète de rêves compétent ait l'air différent étant donné que de nombreuses personnes qui interprètent les rêves aiment s'habiller différemment des autres. Ils préfèrent également être dans une pièce avec de nombreuses photos d'astrologues sur les murs. Certains affichent même un modèle en plastique du squelette humain. Il s'agit d'impressionner les gens et de leur faire croire tout ce que l'astrologue a à dire sur leurs rêves.

Les magiciens et les astrologues n'ont pas réussi à interpréter le rêve de Pharaon (Genèse 41), et Dieu a gagné le cœur de Pharaon à travers Joseph. C'est l'une des plus grandes expériences des personnes qui recherchent le sens de leurs rêves. Je crois que la seule façon pour une personne d'obtenir le sens de son rêve est de consulter Dieu. C'est pourquoi Dieu est très important dans nos vies. Il vaut mieux le consulter pour interpréter votre rêve que de consulter quelqu'un qui fait des tours de magie. Si Joseph n'avait pas été en Égypte, Pharaon n'aurait pas eu la capacité de connaître Dieu. Aussi Joseph n'aurait eu aucune provision de nourriture pour sa famille.

Comme je l'ai déjà dit, une personne qui connaît le sens de votre rêve deviendra le maître de votre vie car un rêve symbolise quelque chose avant qu'il ne se produise. Nous lisons dans Genèse 41 :39-40 que si

Joseph n'avait pas eu la capacité d'interpréter le rêve de Pharaon, il n'aurait pas pu avoir de travail en Égypte. Dieu sait comment protéger son peuple de ses bons rêves. Dieu a protégé Joseph de tout danger. Beaucoup de gens ne peuvent pas comprendre leurs rêves par manque de connaissances. "Les miens sont détruits par manque de connaissance. Parce que vous avez rejeté la connaissance, Je vous rejetterai aussi d'être prêtre pour Moi; Parce que tu as oublié la loi de ton Dieu, j'oublierai aussi tes enfants » (Osée 4:6). Je vois sur Internet que les gens publient leurs rêves pour que les astrologues les interprètent, mais ils ne connaissent même pas la vie spirituelle de ces astrologues. Les gens ne font même pas de recherche sur ces astrologues avant de les contacter. Certaines personnes peuvent les connaître un peu, mais elles ne sont pas satisfaites d'une connaissance complète. Internet permet aux gens de se créer de fausses histoires. En outre, de nombreuses personnes ont perdu leur fortune sur Internet. Si vous voulez que votre rêve soit bien interprété, vous feriez mieux de contacter quelqu'un qui craint Dieu, ce qui était la méthode d'interprétation des rêves de Joseph. Dieu est capable de vous dire le sens de votre rêve à travers une personne qui le craint, ou il peut vous envoyer l'un de ses anges pour interpréter votre rêve, entre autres. Faites juste confiance à vos sentiments. Votre relation avec Dieu est très importante. Peut-être que vous direz à d'autres personnes le sens de leurs rêves. Ne considérez jamais l'interprétation des rêves comme votre affaire personnelle ; sinon, Dieu vous détruira. Il n'y a aucun moyen d'interpréter les rêves sans la connaissance de Dieu. Si vous racontez vos rêves à trois astrologues différents, vous obtiendrez trois significations différentes de votre rêve. Je crois que Pharaon a reçu différentes explications de son astrologue et de ses magiciens avant de rencontrer Joseph. Pharaon cherchait juste à entendre quelque chose qu'il n'avait jamais entendu auparavant. Je crois qu'un rêve étrange doit avoir une signification étrange et que les rêves de deux étrangers doivent être liés. Après que Pharaon eut son premier rêve, il se réveilla et se rendormit à nouveau, mais son rêve continua.

Je crois qu'après que Joseph ait interprété le rêve de Pharaon, les magiciens ont commencé à venir demander à Joseph d'interpréter leurs rêves. Ils savaient que Joseph avait donné le sens du rêve de Pharaon. Je crois que Pharaon avait confiance en Joseph, comme en témoigne le fait qu'il lui parlait de ses rêves tous les jours. C'est un fait philosophique que lorsque vous savez où vous pouvez obtenir la réponse, vous irez à cet endroit à chaque fois. Je crois qu'il y avait une file d'attente dans la maison de Joseph, des gens venant à la recherche de la signification de leurs rêves. C'est-à-dire que beaucoup de gens ont décidé d'aller voir Joseph une fois qu'ils ont su qu'il était quelqu'un de qui ils pourraient recevoir une interprétation valable de leurs rêves. Rêver c'est bien, mais c'est excellent quand on connaît le sens de ses rêves. Le premier et le meilleur endroit où aller pour découvrir le sens de votre rêve est en consultation avec Dieu. Et assurez-vous d'avoir une bonne relation avec Dieu. Quand Dieu vous dit le sens de votre rêve, ce rêve vous mènera très loin dans la vie. S'il s'agit d'un rêve qui vous oblige à être en bonne relation avec les plus hauts responsables de votre pays, Dieu sait comment vous protéger avec votre merveilleux rêve.

Une personne peut rêver à chaque fois qu'elle dort, mais peut ne se souvenir que de quelques rêves importants. Certaines personnes peuvent se souvenir des rêves qu'elles ont eus lorsqu'elles étaient très jeunes. Ils peuvent toujours raconter ces rêves à d'autres personnes. Ces types de rêves doivent être pris en considération. Ce sont les rêves sur la vie de la personne, qui peuvent changer sa vie si elle demande l'intervention de Dieu. La plupart des gens demandent à leurs chefs spirituels d'interpréter leurs rêves. Que le chef spirituel ait ou non la capacité de le faire dépend du fait qu'il ou elle ait ou non un lien spirituel avec Dieu. Certains leaders dirigent simplement parce qu'ils savent diriger ou parce qu'un poste de leadership leur a été confié par hasard ou sans leur consentement. L'interprétation des rêves est un don de Dieu, pas de l'humanité.

J'ai connu un astrologue qui interprétait les rêves des gens. Elle a utilisé un sortilège pour le faire. Chaque fois que quelqu'un lui parlait d'un rêve, si elle sentait ou savait que c'était un bon rêve pour une personne, elle le réalisait en utilisant son sortilège, puis utilisait le contenu du rêve de l'autre personne pour elle-même. . Par exemple, si elle réalisait que le rêve d'une personne était de s'améliorer dans son entreprise, elle se renseignerait d'abord sur l'entreprise de cette personne, puis raconterait à un client le même rêve dont son client d'origine lui a parlé. De cette façon, le rêve de l'autre personne est devenu son rêve. J'ai été surpris une fois de l'entendre décrire le rêve de quelqu'un d'autre comme son propre rêve. Vous pourriez vous demander comment elle a fait le même rêve que l'autre personne. Dans tout rêve, il y a des contenus ou des éléments qui peuvent identifier le sens du rêve et quelque chose qui peut avoir un lien avec quelque chose dans la vie réelle. Lorsqu'une personne rêve de quelque chose comme des étoiles, la lune, le soleil, un animal ou tout autre objet, ces éléments sont très utiles dans le rêve. Ils ont tous un sens, et ils sont capables d'indiquer la situation exacte qui peut arriver dans la vie de la personne. Certains rêves peuvent manquer de ces éléments.

Il a été dit que « la psychanalyse est à juste titre suspecte. Une de ses règles court: tout ce qui perturbe le déroulement de l'œuvre est une résistance » (Stephen Wilson, in Freud et Brill 1997, 360). À ce stade, nous parlons des rêves dont les gens ne se souviennent pas. Comme je l'ai déjà dit, certaines personnes ne peuvent pas rêver. Beaucoup de gens doivent rêver quand ils dorment. C'est l'esprit qui détecte les images, les éléments et les objets lorsqu'une personne dort. Il existe de nombreuses raisons pour lesquelles les gens ne se souviennent pas de leurs rêves, dont l'une est qu'ils sont très occupés et travaillent trop. Quand quelqu'un est occupé tôt le matin et l'après-midi, alors, le soir ou la nuit quand il ou elle dort, il est peu probable qu'il ou elle se souvienne d'un rêve. De nombreuses parties du rêve, qu'il s'agisse d'objets ou d'éléments, ne se retrouveront dans aucun des rêves qu'ils ont. Je vois sur Internet que beaucoup de gens envoient leurs rêves à des astrologues qu'ils ne connaissent même pas, plutôt que d'envoyer leurs rêves à Dieu.

Dans cette section, je vais interpréter quelques rêves dont d'autres personnes m'ont parlé. Peut-être que certains lecteurs ont eu ou auront ces rêves dans leur propre vie. Lorsque vous travaillez dur dans le rêve, cela indique quelque chose de très dangereux. Lorsque, dans un rêve, vous êtes entouré d'amis, de membres de votre famille ou de collègues, dont certains sont dans une mauvaise condition spirituelle et qui ont des pouvoirs différents et croient en des pouvoirs différents, cela signifie qu'ils sont capables de vous utiliser spirituellement en faisant de vous leur esclave spirituel. Dieu révèle beaucoup de choses aux êtres humains dans les rêves, mais nous devons faire très attention à bien interpréter ces rêves afin d'éviter tout problème. Dites que pendant la journée vous ne travaillez pas dur, mais dans votre rêve, vous travaillez très dur, peut-être en cassant de la pierre ou de la glace ou en portant des objets lourds. Ce genre de rêve est simple à interpréter. Cela signifie que vous êtes un esclave. Si dans le rêve vous ne voyez pas le visage d'une autre personne présente, cela signifie que vous êtes l'esclave de la personne qui cache son visage dans le rêve. Ce genre de rêve vous fait vous réveiller avec une douleur dans votre corps, la même que la douleur que vous ressentez après avoir porté des choses lourdes dans la vraie vie. Ce type de rêve concerne l'esclavage spirituel; vous voyez probablement le résultat de ce rêve dans le monde réel. Il est très difficile pour quelqu'un possédant des connaissances scientifiques de croire à l'interprétation des rêves, mais certains d'entre eux croient aux pratiques occultes et occultes. Il est préférable d'introduire le vrai Dieu dans l'interprétation du rêve pour obtenir le bon résultat du rêve. Je trouve injuste de rejeter la vie spirituelle parce que tout est basé sur la spiritualité avant qu'elle ne se manifeste physiquement.

Lorsque quelqu'un vous poursuit dans votre rêve, cela signifie que dans la vraie vie, quelqu'un vous attaque, pour de nombreuses raisons. C'est un rêve qui peut être interprété comme une attaque. Il peut s'agir d'amis, d'un membre de la famille ou d'un collègue qui vous poursuit spirituellement. Une personne qui a ce type de rêve peut se rendre compte pendant la journée qu'une autre personne peut ne pas l'aimer sans raison valable. Les êtres humains aiment pardonner aux gens qui les entourent. Après un bouleversement dans la relation, ils reviendront à la personne incriminée et à l'amitié. Un rêve similaire peut être suivi d'un rêve de combat. Parfois, vous battez quelqu'un dans votre rêve. C'est un rêve gagnant. Aussi, parfois vous vous battez avec un groupe de personnes que vous ne connaissez même pas, mais il y a quelqu'un que vous connaissez très bien qui se tient à côté de vous et regarde comment vous vous battez. Cet individu ne vous aide pas vraiment dans le rêve, ce qui veut dire que c'est lui qui se bat contre vous, mais il ne veut pas montrer que c'est le cas. Parfois, dans la vraie vie, vous ne croyez pas que cette personne se battrait contre vous. Il existe aussi la méthode d'interprétation directe des rêves mais elle demande un bon discernement. Vous pourriez rêver que quelqu'un que vous connaissez se bat contre vous; vous pouvez très bien le voir dans votre rêve. Si vous avez ce genre de rêve, vous devez être prudent. Comme je l'ai déjà dit, vous devez faire preuve de discernement. Il peut s'agir d'une personne différente qui utilise simplement le visage de la personne que vous connaissez bien pour vous embrouiller. Vous finirez par comprendre qu'il ne s'agit pas de la même personne en jaugeant ses actions envers vous. Il y a beaucoup de choses dans le domaine spirituel qui sont très difficiles à identifier dans le monde physique. Votre meilleur ami, votre femme, votre mari, votre enfant, etc. peuvent ne pas vous faire confiance. La Parole de Dieu dit: « Car à la résurrection, ils ne se marient ni ne sont donnés en mariage, mais ils sont comme des anges de Dieu dans le ciel » (Matthieu 22 :30). Satan ne crée rien. Il copie tout de Dieu et l'utilise ensuite à sa manière.

Le sexe dans un rêve a de nombreuses mauvaises significations. Beaucoup de gens ignorent les questions spirituelles. Ils peuvent aimer ce type de rêve, mais ils ne réalisent même pas ce qui se passe dans leur vie physique. Vérifions le dictionnaire avant de passer à l'interprétation de succube et incube. D'après le sens de ces deux mots, nous constatons que nous avons déjà les images du rêve et son interprétation. Peut-être avez-vous pensé à une jolie femme ou à un beau jeune homme avec un pack de six. Puis, au milieu de la nuit, vous commencez à avoir des relations sexuelles avec cette personne dans votre rêve. Ces types de rêves ouvrent de mauvaises portes dans la vie d'une personne. Les succubes et les incubes sont très jaloux, tout comme les humains. Ils ne vous permettront pas d'avoir un bon mari ou une bonne femme dans votre vie. Vous finirez toujours par divorcer ou avec une rupture de votre relation. Même trouver une bonne petite amie ou un bon petit ami est très difficile pour vous. Ces esprits vous empêcheront de trouver une vie meilleure. Ils prendront le contrôle de vos finances. Vous aurez beaucoup de mal à progresser ou à trouver un meilleur emploi. Votre entreprise ne progressera pas simplement parce que vous en avez dans votre vie. Ils vous séduiront pour vous masturber tout le temps. Parfois, lorsque vous vous réveillez, vous pouvez trouver du sperme dans vos sous-vêtements. Parfois, vos seins peuvent changer comme si vous aviez eu de vrais rapports sexuels. Ces démons sont réels. Ne les ignorez pas. De nombreux scientifiques empêchent les gens de connaître la vérité. Les scientifiques empêchent de nombreuses personnes de découvrir la vérité du domaine spirituel. La majorité de la pensée humaine est basée sur la pensée scientifique. Les anges de Dieu sont réels. Les anges transmettent de bons messages aux gens. Les anges protègent aussi les gens.

Lorsqu'une personne rêve de monter au sommet d'une montagne ou de grimper sur la montagne, cela signifie qu'elle aura des difficultés dans sa vie. La plupart de ces luttes viennent de quelque chose de spirituel. Comme je l'ai déjà dit, pour que quelque chose se produise physiquement, cela doit d'abord se produire spirituellement. Si une personne est jalouse de quelqu'un d'autre, il y aura une manifestation spirituelle de cela. Il arrive souvent que quelqu'un d'autre entende que vous vous débrouillez très bien, ce qui lui donne envie de vous dominer pour vous tirer vers le bas. Cela arrive souvent à des personnes bien connues dans la communauté, le pays ou le monde et qui aident les autres. Il peut y avoir beaucoup de gens qui aiment la personne, mais il y aura un groupe d'amis proches et de la famille qui ne seront jamais satisfaits d'elle.

De l'autre côté, si vous descendez la montagne, cela signifie que vous verrez peut-être un bon résultat de quelque chose que vous avez fait ou surtout de quelque chose que vous avez eu du mal à faire. Quand quelqu'un rêve de nager dans une rivière ou dans la mer, ou tout autre plan d'eau, le rêve a une signification parmi tant d'autres. Le sens principal est qu'il y a un problème, une difficulté ou une lutte dans votre vie. Lorsque nous examinons la signification spirituelle plus profonde, nous découvrons que ce type de rêve signifie que vous vous battez avec quelqu'un qui est en possession de l'esprit de l'eau, comme une sirène ou un autre esprit qui vit dans l'eau. La personne utilise ces esprits pour lutter contre vous et vous tirer vers le bas. Ils n'ont aucune pitié pour vous ; ils ne veulent pas que vous deveniez plus fort.

Mourir dans un rêve est un signe de mort. Beaucoup de gens lorsqu'ils rêvent de mourir ne prêtent pas une attention sérieuse au rêve. Pourtant, ils se rendent vite compte qu'ils sont aussi en train de mourir dans la vraie vie. Mais il sera trop tard pour qu'ils retournent dans leur corps pour empêcher la mort de se produire. Il existe un moyen d'empêcher un rêve de mort de se réaliser, en demandant la grâce de Dieu, ce que vous pouvez faire si vous vivez une bonne vie spirituelle comme il est écrit dans la Bible (Parole de Dieu), Galates 5:19-25. Vous pouvez prendre une bonne décision avant de sortir ou avant de parler à quelqu'un d'autre. Vous devez prendre cette opportunité très au sérieux ; un ange de Dieu marche avec ceux qui craignent Dieu.

Personne ne sait quand ni où ils mourront. Si tout le monde sur cette planète connaissait la date de sa mort, tout le monde ferait très attention. Certaines personnes prêteraient plus d'attention à ce qu'elles font. De plus, beaucoup de gens feraient tout dans la précipitation parce qu'ils savent quand ils vont mourir. Les gens ne commencent à se préparer à mourir que lorsqu'un médecin leur dit qu'ils vont bientôt mourir. Puis ils se sont mis à rédiger une brève déclaration avant de décéder. Dans un lit d'hôpital, vous ne pouvez pas faire tout ce que vous voulez parce qu'il n'y a pas d'accès pour faire quoi que ce soit. Beaucoup de gens s'efforcent de connaître la date de leur mort, mais ils ne le sauront jamais parce que c'est le secret de Dieu. Même un ange ne sait pas quand une personne est sur le point de mourir. Un ange peut connaître la mort de quelqu'un uniquement lorsque Dieu le lui permet et lorsque Dieu trouve qu'il est très important que la personne connaisse l'heure de sa mort. Prenez par exemple Isaïe, lorsqu'il est allé dire à Ézéchiel qu'il allait mourir (2 Rois 20). Dans certaines circonstances, Dieu est capable d'envoyer un ange dans un rêve ou sous la forme d'un humain pour dire à une personne qu'elle va mourir, mais cela n'arrive pas tout le temps, juste selon la volonté de Dieu.

Personne ne peut voir Dieu dans le ciel, mais Dieu vit à l'intérieur des êtres humains. « Ou ne savez-vous pas que votre corps est le temple du Saint-Esprit qui est en vous, que vous avez reçu de Dieu, et que vous n'êtes pas à vous? (1 Corinthiens 6 :19-20). Le corps spirituel est le temple d'une personne parce que dans un rêve il n'y a qu'une seule option, et cette option nous donne une compréhension de Dieu dans le rêve.

Lorsqu'une personne rêve qu'elle est en train de mourir mais qu'elle se réveille le matin, toujours en vie, elle est sûrement surprise d'être à nouveau en vie dans le monde réel. Parfois, les gens regrettent de s'être réveillés dans le monde réel après avoir fait un bon rêve. Parfois, les gens sont heureux d'être de retour dans le monde réel après avoir fait un mauvais rêve. Cela signifie que tout le monde devrait d'abord chercher Dieu pour les aider à échapper à une mauvaise mort plutôt que, après s'être réveillé, de dire aux gens qu'ils étaient morts dans leur rêve. Peut-être que les mêmes personnes qui vous parlent de leur rêve sont les mêmes qui se battent pour que vous mouriez. Lorsqu'une personne pleure dans un rêve pour quelqu'un qu'elle connaît, alors que l'autre personne peut être un membre de la famille, un ami ou un collègue, le rêve parle de danger, présageant peut-être la mort spirituelle ou la mort physique. S'il s'agit de la mort spirituelle, il se peut que la personne ait commencé à faire quelque chose qui n'est pas juste aux yeux de Dieu. « Alors le Seigneur Dieu appela Adam et lui dit: 'Où es-tu?' » (Genèse 3:9). Si Dieu peut voir partout, alors pourquoi Dieu n'a-t-il pas pu voir Adam? Parce que Dieu ne voit pas les gens dans leur corps humain. Il voit les gens spirituellement. Lorsque vous rêvez d'un de vos proches ou de quelqu'un d'autre que vous connaissez et que cette personne vous attaque, ne paniquez pas. Ce type de rêve a deux significations différentes. Comme je l'ai déjà dit, si une personne fait quelque chose de bien ou de mal qui n'est pas biblique, ce péché provoquera de nombreuses choses dangereuses dans sa vie. Lorsque vous pleurez dans un rêve, cela n'a pas nécessairement à voir avec un problème de santé mentale. Il se peut que Dieu vous dise que quelque chose de différent ou de mauvais est sur le point de venir.

Pleurer est une expression d'émotion comme nous le savons, mais quand il s'agit de pleurer dans un rêve, nous devons prendre notre pensée philosophique et la connecter à notre pensée surnaturelle. Pleurer dans un rêve fait qu'une personne se sent mal au réveil. En outre, cela fait couler les larmes de la personne pour de vrai. Parfois, une personne qui rêve du genre de rêve qui provoque des larmes peut recevoir un appel téléphonique à son réveil, probablement une mauvaise nouvelle. Ce type de rêve, bien que très courant, est très émouvant pour le rêveur. Quant à son interprétation, il se pourrait que la personne ait fait quelque chose qui va à l'encontre de la Parole de Dieu. Vous pouvez reconnaître la personne dont vous avez rêvé et avoir une mauvaise impression en la voyant encore en vie. Son comportement semble être le même, mais spirituellement il est différent. Une autre façon d'identifier une personne dont vous avez rêvé avec une mauvaise impression est quand elle meurt physiquement. Cela peut ne pas se produire immédiatement et peut prendre beaucoup de temps. Beaucoup de gens sont très heureux quand ils rêvent que quelque chose de mal va arriver à quelqu'un d'autre. Ils pensent que leurs rêves se réaliseront dans la vraie vie. Mais il n'est pas bon d'être heureux de voir quelque chose de mal arriver à quelqu'un d'autre. Il vaut mieux prier Dieu et lui demander d'avoir pitié de cette personne. Les personnes qui se sentent heureuses de voir les mauvaises choses dont elles rêvaient arriver à quelqu'un d'autre ne sont pas de bonnes personnes, surtout lorsque le rêveur n'est pas en relation avec Dieu. Il ou elle n'aura jamais pitié de voir de mauvaises choses arriver à quelqu'un d'autre. Ce type de rêve peut arriver à ceux qui sont doués, mais quel que soit le cas, les gens doivent aussi rêver de bonnes choses, plutôt que de mauvaises, qui arrivent à d'autres personnes. C'est la même chose que l'ange de la mort, qui apporte la mort à la personne.

Je terminerai ce chapitre par cette analyse d'un rêve: j'ai rencontré un type qui me racontait son rêve, mais il ne croyait pas que c'était un rêve. Il m'a dit que c'était la vraie vie. Il dormait, puis il vit son esprit quitter son corps. En traversant sa maison, il a vu des gens dans sa maison. Ils dormaient. Il est ensuite sorti de chez lui et s'est rendu chez ses voisins. Il vit que ses voisins dormaient. Puis il rentra chez lui, où il s'endormit. Son esprit est retourné dans son corps, puis il s'est réveillé. J'ai été impressionné de l'entendre me raconter son rêve. J'étais en train de faire des recherches pour Le Rêve des Anges. Je lui ai posé de nombreuses questions pour l'aider à comprendre quelque chose sur la mort. Je lui ai dit: « Tu étais mort, mais tu ne savais pas que tu étais mort. »

Il m'a dit: « Je n'étais pas mort. Une autre personne a vu la même chose lui arriver une nuit. Son esprit a quitté son corps et, après un certain temps, est revenu. J'ai eu deux personnes avec le même problème. Je devais traiter avec eux et travailler sur leurs esprits. Ce n'était pas facile de leur faire comprendre les rêves et la mort spirituelle. La mort est toujours marquée par la séparation de l'esprit du corps. Ils deviennent deux éléments distincts. Le corps spirituel peut voir que le corps physique est allongé, immobile. Seul le corps spirituel peut avoir la vie dans un corps physique. L'esprit quitte le corps lorsque le corps physique est détruit, peut-être endommagé par un accident ou par une maladie ou tout type de problème gênant qui peut détruire le corps. Si le corps physique est très important, alors le corps spirituel ne sera pas endommagé.

L'esprit humain est un élément du corps spirituel, qui dans le christianisme est appelé le temple de Dieu. Je crois que ce que je dis ici a du sens. Le corps est le temple de Dieu. Lorsque nous regardons un temple, nous voyons des pièces, des couloirs et bien d'autres choses qui font partie du temple. Dieu y habite parce qu'il n'habite rien de construit par des êtres humains. Si c'est une déclaration vraie, alors nous pouvons dire que parce que Dieu ne meurt pas, le corps spirituel ne mourra jamais parce que Dieu vit pour toujours. Aussi, il y a une condition pour que Dieu vive dans un être humain: la personne doit craindre Dieu. Certains corps spirituels n'ont aucun sens pour Dieu parce que ces personnes ne vivent pas selon la Parole de Dieu ou ses commandements. Lorsqu'une personne ne vit pas selon les commandements de Dieu, elle a Satan comme locataire dans son corps. Comme nous le savons, pour qu'une maison soit une maison, il faut qu'elle soit habitée par des personnes. Satan est un locataire parce qu'il ne crée rien et ne créera jamais rien.

Les deux personnes que j'ai mentionnées plus tôt étaient très heureuses lorsqu'elles me racontaient à quel point leur esprit était séparé de leur corps. Après ma conversation avec eux, ils se sont rendu compte qu'ils étaient en train de mourir sans l'avoir su avant. Je leur ai dit qu'ils devaient être très prudents lorsqu'ils s'allongeaient sur leur lit ou ailleurs parce que certaines personnes pourraient emmener leur corps à l'hôpital, pensant qu'elles sont déjà mortes. J'ai dit que s'ils ne se précipitaient pas dans leur corps, alors un médecin pourrait prélever certains de leurs organes comme cela se fait normalement dans un hôpital après la mort d'une personne. Au moment où ils reviendraient dans leur corps, dis-je, leur corps ne serait plus actif. Ce type de scénario se produit plusieurs fois. De nombreuses personnes ont perdu leur corps dans ce type de situation. Je crois que si le corps d'une personne se sépare de son esprit, cela peut faire du bien, mais en même temps, cela représente un risque pour la vie de la personne.

Qu'est-ce qu'une Vision?

Selon la perspective religieuse, une vision n'est pas un rêve, comme nous l'avons appris dans le chapitre précédent sur les rêves. Une vision est le résultat d'un état d'esprit normal qui a le sentiment d'une expérience de la vie réelle. Tout ce qui se passe dans une vision semble vrai. Une personne n'a pas besoin de s'endormir avant d'avoir une vision. Une vision est quelque chose de surnaturel. Nous n'avons pas de visions tous les jours ou toutes les nuits, même si nous rêvons chaque fois que nous nous endormons. Une vision survient lorsque quelque chose de très important ou d'inhabituel est sur le point de se produire dans la vie d'une personne. Dieu communique sa vision aux gens de différentes manières. De même, un ange peut apparaître à quelqu'un dans une vision pour de nombreuses raisons. Dieu se manifeste souvent dans des visions chaque fois qu'il le juge nécessaire, et il le fait toujours par sa propre grâce. Il y a aussi un type de vision qui ne vient pas de Dieu et qui vient de différentes sources. Les religions ont leurs propres idées sur les visions et leurs propres façons de comprendre les visions. Certaines visions ne fonctionnent même pas, mais les croyants de certaines confessions croient tout ce que leurs dirigeants leur disent. Les gens doivent discerner leurs visions en analysant où ils reçoivent ces visions. Aucune vision religieuse des visions n'est parfaite. Un ange peut apparaître à une personne dans une vision sous la forme d'une créature. Comme nous l'avons appris dans le chapitre précédent, une vision est aussi une révélation surnaturelle, quelque chose que la personne n'a jamais vu auparavant. C'est toujours quelque chose que la personne trouve étrange. Cela fait croire à la personne en Dieu si la vision vient de Dieu. Si cela ne vient pas de Dieu, alors cela fait croire à la personne à la source de la vision, quelle qu'elle soit. Une personne n'a pas besoin de s'endormir avant de voir une vision car une vision est directement connectée à l'esprit humain. L'esprit humain n'a pas besoin d'être préparé avant de voir une vision. Dieu sait comment et quand ouvrir les yeux spirituels d'une personne pour voir sa vision. De nombreux scientifiques ont du mal à discuter des visions parce que la vision de Dieu n'est pas la même que toutes les autres visions en ce sens qu'elle n'exige pas que la personne soit endormie.

Certaines visions peuvent survenir lorsque la personne dort, mais la manifestation de visions réveille la personne du sommeil juste pour qu'elle puisse voir la vision. Si cela est vrai, cela signifie qu'une vision est plus importante qu'un rêve. Vous rêvez quand vous dormez, mais vous voyez des visions quand vous êtes éveillé. Cela signifie qu'une vision éveille toujours quelqu'un à ce qui se passe dans sa vie. Différentes personnes comprennent les visions de différentes manières. Certaines personnes se voient dans différents endroits du monde. Quand une personne se voit dans un endroit différent, cela signifie qu'un ange l'emmène dans un endroit différent, peut-être au paradis ou en enfer ou ailleurs; tout dépend des instructions de Dieu. Certaines personnes, lorsqu'elles adorent Satan, ne se reconnaissent pas comme des adorateurs de Satan. Ils ont aussi des visions, dans lesquelles ils voient normalement beaucoup de choses sur Satan. Cela se produit comme une question de routine. J'ai rencontré un homme qui m'a dit qu'il était capable de voyager dans un monde différent et qu'il pouvait tout voir dans ce monde. Il a dit qu'il pouvait emporter avec lui de la nourriture et tout ce dont les gens avaient besoin. Pourtant, il ne pouvait pas voyager dans ce monde dans son propre corps, seulement dans son corps spirituel. Son corps serait laissé dans le monde physique, allongé. C'est une mauvaise nouvelle car quelqu'un pourrait alors prendre son corps s'il commettait une erreur. À son retour, il ne pourrait plus utiliser son corps. Certaines personnes appellent l'autre monde du nom d'« astral », vers lequel une personne ne peut pas voyager physiquement mais peut voyager spirituellement, parfois d'un pays à un autre. Cela peut sembler étrange, mais j'ai vu des gens faire ce voyage astral. Certaines de ces personnes peuvent être dans de nombreux endroits en même temps. Par exemple, la même personne peut se trouver en même temps en Italie et en Angleterre. Les gens en Angleterre peuvent voir la personne, et les gens en Italie peuvent la voir en même temps. Beaucoup de choses différentes se produisent dans le monde, mais beaucoup de gens ne le comprennent même pas. Les personnes qui vivent de différentes manières ont beaucoup de mal à identifier et à connaître ces choses. Je ne donne ces exemples que pour parler de visions, pas pour révéler les secrets de qui que ce soit.

Vous ne pouvez pas empêcher une personne de faire ce qu'elle veut faire. Si Dieu n'est pas autorisé à arrêter une personne, alors personne ne peut empêcher une personne de faire quelque chose que Dieu ne veut pas qu'elle fasse. Beaucoup de gens ont des visions qui ne viennent pas de Dieu. Une vision de Dieu a un autre type de pouvoir qui déstabilise la capacité d'une personne à contrôler son propre esprit. De plus, lorsqu'un ange apparaît dans une vision, les gens lui résistent et sont incapables de faire face. L'histoire de la vision de Daniel nous dit beaucoup de choses sur les anges apparaissant dans les visions, apparaissant même au roi Belschatsar. Nous lisons dans Daniel 5:5-7 que le roi a appelé de nombreux types de personnes différentes pour interpréter son rêve tout comme Pharaon l'avait fait. Maintenant, ce roi a eu une vision de quelque chose qui s'est passé dans la réalité. Une vision peut être quelque chose qui se produira après plusieurs jours ou années, ou cela peut se produire immédiatement en temps réel. Je dis qu'une vision est un parallèle du monde réel mais avec un contenu différent. C'est parce qu'une vision montre différentes choses qui ne sont pas liées au monde réel. Cela rend parfois une personne folle ou folle, lui faisant perdre son sang-froid, parce que les choses qui se produisent dans ce monde changent son état d'esprit, lui faisant voir ce monde comme le monde normal. Cela amène la personne à voir ce monde d'une manière très différente qu'auparavant. Après qu'une personne ait vu une vision de Dieu, elle verra le monde physique très différemment parce que Dieu montre aux gens ce monde d'une bonne manière spirituelle. La vision de Dieu est parfaite et excitante car Dieu garde ses visions nettes et compréhensibles. Quand une personne voit une vision de Dieu, cela la fait sûrement paniquer parce que la vision de Dieu est très puissante; aucun être humain ne peut y résister. Il arrive parfois qu'une fois qu'une personne voit une vision, elle a besoin de voir quelqu'un d'autre pour interpréter la vision. C'est la même chose que Pharaon à la recherche de la signification de son rêve, la même chose que le roi Belschatsar à la recherche de la signification de sa vision, et autant de personnes aujourd'hui à la recherche de la signification de leurs rêves et de leurs visions. Il vaudrait mieux chercher Dieu pour le sens de sa vision ou de son rêve.

Il existe de nombreuses façons dont Dieu est capable de montrer à une personne comment comprendre une vision. Une façon est que Dieu envoie un ange pour apparaître à la personne face à face sans aucune barrière. Actes 8:26-40 dans la Bible nous dit beaucoup de choses. Philippe n'a vu l'ange de Dieu ni dans un rêve ni comme une vision mais comme quelque chose qui se manifeste dans la réalité. Lorsqu'une personne expérimente une vision qui se manifeste dans le monde réel, son esprit est renforcé.

Je ne pense pas que Philippe ait vu l'ange de Dieu avec des ailes; il a probablement vu l'ange sans ailes et avec un corps humain normal mais avec l'esprit de Dieu. Qu'est-ce qui a fait croire à Philippe que c'était un ange? L'ange avait la présence de Dieu. Je crois—et j'en ai déjà parlé—que Dieu est présent chaque fois qu'un ange apparaît. L'ange apporte la présence de Dieu, ce qui fait que la personne ressent la présence de Dieu, et cette présence supprime tout doute à l'intérieur de la personne. Aucune autre présence ne peut résister à la présence de Dieu. Lorsque Dieu donne un ordre à une personne ou à un objet, il ne rencontrera jamais de résistance. C'est comme conduire lorsqu'une ambulance a ses feux d'urgence allumés et sa sirène hurlante; toutes les voitures doivent se déplacer sur le côté de la route. Dieu n'abandonne pas son peuple même lorsqu'il le fuit; il est toujours aimant et proche des gens qui le fuient. Toutes les expériences scientifiques montrent que Dieu est toujours avec nous pour nous donner plus d'intelligence. Je me souviens avoir rencontré un scientifique qui croyait en Dieu. Dieu est toujours lié aux êtres humains, qui n'ont été créés ni du vent ni du sable mais à l'image de Dieu. Dieu a mis son intelligence à l'intérieur de chaque personne.

L'histoire de Philippe est incroyable parce que nous y voyons la puissance surnaturelle de Dieu manifestée. Dieu savait qu'il y avait quelqu'un qui cherchait une explication de sa Parole, une personne différente, pas la même que Pharaon, le roi Belschatsar ou les autres personnes qui cherchent encore des magiciens, des astrologues et d'autres personnes pour les aider avec quelque chose dont ils ont besoin . Lorsque l'ange de Dieu est apparu à Philippe, après que l'ange lui a donné le message, il a disparu physiquement, mais il est resté avec Philippe spirituellement parce que les anges de Dieu marchent toujours à côté d'une personne qui craint Dieu. Cet eunuque cherchait quelqu'un qui connaissait Dieu pour lui expliquer le passage. Automatiquement, Dieu a ordonné à l'ange et à Philippe d'aller accomplir la Parole de Dieu pour cet eunuque. Lorsque Philippe lui expliquait le passage de la Bible, l'eunuque n'a même pas vu l'ange de Dieu qui est apparu à Philippe. Philippe avait déjà des sentiments forts au sujet de la mission de Dieu, et cette mission était basée sur l'aide à une personne qui cherchait une explication d'un certain passage de la Bible.

Tout a été fait par Dieu seul. Satan ne crée rien. Satan copie tout de Dieu, mais Satan rend ces choses à Dieu. Comme je l'ai déjà dit, de nombreuses personnes font des voyages astrales, ce qui leur permet d'être à différents endroits en même temps. Dans ce passage, Philippe disparaît physiquement en présence de l'eunuque, qui ne peut plus voir Philippe. Je crois que Dieu est le Créateur de tout et qu'il sait comment faire changer les gens. Un être humain a la capacité de tout demander à Dieu. Certaines personnes se plaignent quand elles en viennent à croire en Dieu et à accepter Jésus comme leur Sauveur que maintenant elles vont tout perdre. Si Dieu était capable de transporter Philippe à un autre endroit sans le conduire dans une belle voiture ou utiliser un avion ou un vélo, alors ce même Dieu ne serait-il pas capable d'utiliser ce même pouvoir pour aider quiconque croit en lui? Dieu fait rayonner sa faveur sur qui il veut. « C'est pourquoi il a pitié de qui il veut, et il endurcit qui il veut » (Romains 9 :18).

L'histoire de Philippe révèle que l'ange lui est apparu comme un être humain. Après que Philippe ait marché dans le désert, il a rencontré un homme qui avait besoin de Dieu pour interpréter l'Écriture. Imaginez que l'homme ait eu un rêve et qu'il ait préféré chercher Dieu plutôt que les magiciens et les astrologues. C'est pourquoi Dieu a envoyé ses serviteurs faire ce travail pour sa gloire. La gloire de Dieu ne peut se manifester que lorsque quelqu'un le cherche. Il arrive aussi parfois que Dieu réagisse par sa grâce. La grâce de Dieu est sans limite. D'autre part, l'ange de Dieu n'a pas quitté Philippe, mais l'homme n'a pas vu l'ange qui était avec Philippe. Il arrivait aussi que beaucoup de gens comme Daniel voyaient un ange mais que les gens qui étaient avec eux ne voyaient pas l'ange. « Et moi, Daniel, seul j'ai vu la vision, car les hommes qui étaient avec moi n'ont pas vu la vision; mais une grande terreur tomba sur eux, de sorte qu'ils s'enfuirent pour se cacher » (Daniel 10:7). Il est vrai que d'autres peuvent souvent ne pas voir une vision que Dieu montre à une autre personne parce que c'est seulement pour cette seule personne. Il y a des visions de Dieu qui exigent que tout le monde le voie. Parfois, il arrive qu'une personne n'ait pas à respecter Dieu avant que Dieu ne lui montre une vision. Si la personne est un pécheur, alors elle peut se repentir selon son cœur. Un ange de Dieu marche avec ceux qui craignent Dieu. De plus, vous n'êtes pas obligé de voir un ange lorsque vous craignez Dieu parce que vous en avez un avec vous pour le reste de votre vie. De l'autre côté du monde, il y a des gens qui adorent Satan. Les démons sont également autour d'eux. Comme je l'ai déjà dit, un de mes camarades de classe a été traqué par des démons qui lui ont demandé sa nourriture. Il parlait à ces démons en classe, mais je ne pouvais pas les voir; Je ne pouvais le voir que lorsqu'il leur parlait. Mais ce que j'ai vu, c'était seulement lui qui parlait à lui-même comme s'il parlait à de vraies personnes. Il a même décrit les démons, disant qu'il y en avait un qui mangeait trop, alors il les a tous envoyés chez lui pour manger. Il n'essayait pas de m'impressionner. C'était sa réalité. Il n'avait pas de paix dans sa vie.

Chaque fois que mon camarade de classe se plaignait de ces démons, je pouvais voir qu'il aimait les avoir avec lui. Il y a aussi des gens qui aiment avoir des anges autour d'eux, mais les anges n'ont pas besoin des humains pour les nourrir car ils ne s'intéressent pas aux choses du monde sauf lorsqu'ils ont une mission spéciale sur terre. Dans Genèse 18 :78 et Juges 6 :11-27), nous voyons les anges manger différemment, l'un avec un corps physique mais avec l'esprit d'un ange, et l'autre, l'ange de Gédéon, mangeant d'une manière surnaturelle. L'ange de Gédéon n'a pas ouvert la bouche pour manger en tant qu'être humain ; à la place, un feu est venu et a brûlé sa nourriture d'une manière miraculeuse.

Un ange de Dieu fait ce que Dieu l'envoie faire. Il respecte d'abord l'œuvre de Dieu, pas l'œuvre humaine d'abord. Beaucoup de gens adorent les anges, mais les anges ne devraient pas être adorés par l'humanité. Si une personne adore un ange, alors à qui l'ange va-t-il donner la gloire? La gloire d'un être humain ne fera pas qu'un ange devienne Dieu. Vous ne devez jamais adorer un ange, car il est au service de Dieu. Dieu envoie des anges avec un message aux êtres humains. C'est à la personne de rendre gloire à Dieu plutôt que de rendre gloire à l'ange. Si l'ange commençait à recevoir toute la gloire, alors tout en lui finirait parce qu'aucun ange de Dieu ne peut accomplir un miracle pour une personne sans la permission de Dieu. Tout miracle qu'un ange accomplit ne doit venir que de Dieu. Dieu n'accordera pas de miracle à quelqu'un qui adore les anges. Comme nous le voyons avec le travail des démons, ils rendent gloire à Satan, mais Satan n'est pas bon. « Le voleur ne vient que pour voler, tuer et détruire. Je [Jésus] suis venu pour qu'ils aient la vie, et qu'ils l'aient plus en abondance » (Jean 10 :10). Satan est un destructeur. Il vous donne quelque chose avec sa main gauche, mais il cache autre chose dans sa main droite. Si vous obtenez quelque chose de Satan, vous devrez certainement le rembourser. Il a besoin de ce qu'il a à sa disposition car il ne crée rien.

Beaucoup de gens, après avoir servi Satan, se retrouvent sans rien, tout leur succès ayant fondu, car Satan a tout repris. Mais quand Dieu vous donne quelque chose, c'est toujours à vous, pour toujours, un don permanent. Le roi David a dit: « J'ai été jeune, et maintenant je suis vieux ; Pourtant, je n'ai pas vu le juste abandonné, Ni ses descendants mendiant du pain » (Psaume 37 :35). Dieu n'enverra jamais un ange pour tout enlever à une personne qui le craint et, après avoir tué cette personne, enverra son âme en enfer. Nous connaissons tous l'histoire de Job, à qui Dieu a permis à Satan de tout enlever, mais Dieu a permis à Satan de toucher son âme. « Et le Seigneur dit à Satan: 'Voici, tout ce qu'il a est en ton pouvoir; seulement ne touchez pas à sa personne.' Alors Satan sortit de la face du Seigneur » (Job 1:12). Il est interdit à Satan de toucher l'âme d'une personne qui craint Dieu sans la permission de Dieu. Dieu sait comment protéger ceux qui le craignent. Beaucoup de gens ne réalisent même pas l'existence de Dieu. Quand ils nourrissent de tels doutes au sujet de Dieu, les anges de Dieu ne peuvent pas être avec eux. Comme nous le savons à propos du doute, il ne s'accompagne d'aucune expérience. Les gens qui voient des anges de Dieu ont déjà eu des expériences. Il est difficile pour ces personnes d'accepter les actions de personnes qui ne croient pas en Dieu. Un ange de Dieu n'est pas capable d'accomplir un miracle sans la permission de Dieu, mais cela ne signifie pas que les anges et Dieu ont des miracles différents à leur disposition. Chaque miracle qu'un ange de Dieu accomplit vient définitivement de

Dieu. Comme je l'ai déjà dit, la présence d'un ange représente toujours la présence de Dieu parce que les anges sont créés par Dieu. C'est la même chose que de regarder un être humain, qui représente la présence de Dieu, comme le font même les animaux et toute la nature. Toutes ces créatures ne sont pas venues de nulle part. Dieu est le Créateur de tout. L'essence de chaque créature est Dieu. Il donne vie à tout ce qui, et à tous ceux qu'il a créés. Comme je le dis toujours, la philosophie et la science ont une fin, et cette fin arrive quand la personne meurt.

L'esprit d'un être humain vit pour toujours, mais le corps ne vit pas pour toujours. Cela nous amène à une discussion sur l'idée d'un esprit éternel. Où va l'esprit après la destruction du corps? C'est une question simple, mais il est difficile de répondre. L'esprit retourne à Dieu; il ne retourne pas au même corps. Beaucoup de gens croient à l'idée de renaissance, que je trouve très dangereuse pour l'humanité. Promouvoir cette idée, c'est mettre l'humanité en danger, dans le sens où cela implique de dire à une personne: « Vous pouvez devenir comme Dieu. Vous n'êtes plus capable de mourir. Lorsqu'une personne renaît, elle doit se souvenir de tout ce qu'elle faisait avant de mourir. Pourquoi la personne doit-elle renaître en tant que bébé si elle vivait déjà? L'esprit d'une personne ne retourne pas dans le même corps après que le temple, c'est-à-dire le corps, soit définitivement détruit. Comme nous l'avons appris au sujet des rêves lorsque l'homme m'avait dit que son esprit avait quitté son corps pendant qu'il rêvait, son corps était resté allongé pendant que son esprit faisait le tour de la maison puis se dirigeait vers la maison de ses voisins. J'y ai pensé plusieurs fois avant même de penser à la question de la renaissance. Je crois que l'homme qui a quitté son corps et a commencé à se promener spirituellement dans sa maison était une personne âgée parce que son esprit le lui disait après avoir vu son comportement. De plus, son voisin le connaissait en tant qu'adulte, pas en tant qu'enfant. Imaginez s'ils avaient pris son corps pour l'enterrer, s'il n'était pas rapidement revenu dans son corps. Dans ce cas, son esprit n'aurait pas pu retourner dans son corps. Je crois que, à en juger par l'expérience de cet homme, il n'aurait pas renaître si son corps avait été enterré. En termes de renaissance, entrerait-il dans le corps d'un nouveau-né? Un nouveau-né a déjà un esprit, un esprit et une âme et tout ce dont un humain a besoin, donc le corps de cet homme vivrait avec deux esprits ou deux esprits. Sinon, ce serait un vieil esprit avec tout ce qu'il avait déjà connu, par rapport à un petit esprit de bébé sans aucune expérience de la vie. Je crois que la théorie de la renaissance est fausse. Il n'est pas juste pour un être humain de penser à le renaître parce que c'est une expérience ratée.

Dites pour le plaisir de discuter que les gens renaissent. Je crois qu'un ange de Dieu serait incapable de travailler avec une personne renaissante parce que l'ange aurait déjà été avec cette personne avant sa renaissance. Scientifiquement parlant, l'idée qu'un être humain est mortel doit être abolie si l'idée de renaissance est adoptée comme vérité. J'ai été surpris de voir des chrétiens croire à l'idée de la renaissance. Au début, je pensais qu'ils parlaient de naître de nouveau, mais quand je me suis approché pour écouter leur conversation, j'ai appris qu'ils parlaient de renaissance. Peu de temps après, j'ai commencé à faire des recherches sur la renaissance. Je crois qu'il est mal pour un chrétien de croire au concept. Prenez ceci par exemple: « 'Toute chair est comme l'herbe, et toute la gloire de l'homme comme la fleur de l'herbe. L'herbe se dessèche et sa fleur tombe, mais la parole du Seigneur demeure éternellement.' Or, c'est la parole qui vous a été annoncée par l'Evangile" (1 Pierre 1:24-25). Selon ces chrétiens, ils auraient dû changer de nombreux passages de la Bible pour se sentir mieux.

Ceux qui croient en la renaissance devraient créer leur propre religion, car nous savons que «Durhein considérait la religion comme un caractère essentiellement social. La religion intègre les individus en une seule communauté morale » (Aldridge 2000, 63). Ces gens ont les mêmes types d'idées, des idées qui les éloignent de l'esprit de Dieu. Il n'est pas nécessaire qu'un ange de Dieu soit avec les gens qui ont ce genre d'idées parce que Dieu ne tolère pas les humains qui ont de telles idées en tête. Un ange de Dieu sait qu'un être humain ne peut pas renaître après la mort étant donné que la mort est la fin du corps humain. Si la renaissance était possible, alors un être humain devrait avoir le choix de l'endroit où il aimerait renaître et s'il aimerait ou non renaître dans la même famille à chaque fois, car la mort n'existe pas. S'il y a la mort, alors il doit y avoir un choix de l'endroit où naître. Si cette conclusion est fausse, cela signifie que l'idée de renaissance est fausse. Un humain ne peut pas avoir le choix dans les questions surnaturelles parce que celles-ci sont définies de manière permanente. Un être humain ne peut apprendre que du surnaturel. Le concept de renaissance n'a aucun sens. Suivre le concept de renaissance conduira les gens dans le pétrin. Les êtres humains doivent reconnaître qu'il n'y a qu'une seule vie et qu'une seule mort. Vous êtes né, vous vivez et vous mourez. Cette règle a du sens pour tout le monde.

Une vision reste longtemps dans l'esprit d'une personne. Il est très difficile pour une vision de disparaître de l'esprit d'une personne car elle se déroule au milieu des mathématiques de l'esprit humain. Il n'est pas nécessaire qu'une personne supprime une vision qu'elle a eue dans sa vie. Les gens ont tendance à garder les visions qu'ils ont privées parce qu'ils les chérissent. Il y a beaucoup de gens qui sont capables de parler des visions qu'ils ont eues il y a de nombreuses années. La plupart de ces visions concernent quelque chose de très important qu'ils doivent connaître dans leur vie. Il est également très important pour leurs descendants de connaître leurs visions. Un bon ange de Dieu rend les gens très excités dans leur cœur, le cœur spirituel. Une vision donne aux gens un bon sens de la vie car elle s'accompagne de bons sentiments. Il n'est pas nécessaire qu'une personne soit endormie pour avoir une vision. Une vision fait à la fois partie de la vie réelle et surnaturelle. Une vision surnaturelle se nie en se connectant pleinement avec le monde réel. Le monde matériel et le monde surnaturel interagissent au service de Dieu et de ses efforts envers l'humanité. Seul Dieu a le pouvoir de contrôler l'interaction si une vision vient de lui. Comme nous le savons, lorsqu'une personne voit une vision ou un rêve, si elle consulte Dieu pour l'interprétation de ce rêve ou de cette vision, Dieu fournira à cette personne une bonne interprétation de la vision ou du rêve. Les rêves ou les visions qui viennent de Dieu doivent être interprétés par Dieu. Lorsqu'une personne consulte de puissants magiciens, astrologues ou autres personnes spirituelles pour interpréter un rêve ou une vision qui vient de Dieu, ces consultants ne seront pas en mesure de fournir une bonne interprétation exacte. Je crois que beaucoup de gens ont eu des visions mais n'ont pas été capables de trouver quelqu'un pour interpréter ces visions pour eux. Je crois que Dieu est capable d'envoyer ses anges serviteurs ou une personne qui craint Dieu pour interpréter ces visions pour eux. Une vision de Dieu est quelque chose que les gens doivent prendre en considération. C'est une interaction surnaturelle réelle.

Recevoir une vision de Dieu est toujours un événement extraordinaire dans la vie d'une personne. Vous avez peut-être tout, mais si vous n'avez pas encore eu une vision de Dieu, alors vous êtes comme une personne qui pédale sur un vélo sans roues; vous pensez que vous avancez dans votre vie, mais vous vous tenez au même endroit. La vision de Dieu ne peut pas être la même que la vision de Satan. Les satanistes voient leurs propres visions dans leur vie. Cela les étonne quand ils voient une vision de Dieu, parce que la vision de Dieu détourne leur esprit de Satan et remplace son image dans leur esprit par une vision de Dieu afin qu'ils puissent devenir une nouvelle personne. Les satanistes se sentent confus lorsqu'ils voient une vision de Dieu. Il est bon pour les êtres humains de voir quelque chose de différent qui trouble l'esprit. Il a été dit que « pousser une idée indésirable dans l'inconscient et la maintenir là. Cela évite de se rappeler des souvenirs horribles, ou des choses que nous craignons, ou des souhaits dont nous nous sentons coupables » (Benson, Grove et Appignanesi 1998, 57). Sur la même page, il est indiqué: « Il faut de l'énergie pour garder les pensées inconscientes cachées. » Il est bon pour les satanistes d'avoir une vision de Dieu car cela leur fait comprendre Dieu. Quand Dieu donne une vision à une personne, et quand cette personne va rapidement voir un astrologue, qui ne connaît même pas Dieu, pour comprendre le sens de la vision, ce type de consultation est faux. S'adresser à la mauvaise personne pour l'interprétation d'une vision conduit de nombreuses personnes sur la mauvaise voie. Certains qui ont consulté des astrologues au sujet de leurs visions ou de leurs rêves ont complètement perdu le sens de leurs visions et de leurs rêves. Ils ont commencé à vivre avec les idées fausses des astrologues. Mais les gens intelligents recherchent de bonnes personnes de Dieu, ce qui signifie qu'ils recherchent que Dieu les aide. Ainsi, l'histoire de l'eunuque est toujours d'actualité et est un bon exemple à suivre. Pharaon n'était pas ému par sa propre puissance, mais par la puissance de Dieu, qui voulait que Joseph soit libéré de prison pour aller aider sa famille. Beaucoup de gens ont besoin d'apprendre la signification d'une vision de Dieu. Seul Dieu est capable de fournir à une personne l'interprétation d'une vision.

L'avantage d'avoir une vision, c'est de connaître la signification de cette vision. Il n'y a que Dieu qui peut vous donner une excellente interprétation de votre vision. Dieu ne veut pas abandonner les êtres humains. C'est pourquoi Dieu fait tout ce qui est en son pouvoir pour persuader les gens de revenir à lui en leur montrant des visions. Plus les gens ont de visions de Dieu, plus les gens se rapprochent de Dieu. Dieu utilise ses anges pour aider les gens dans les moments de tentation qui menacent d'endommager l'âme.

Alors que nous lisons à propos du procès de Job, Dieu a protégé l'âme de Job. Satan cherche toujours l'âme de quelqu'un pour la détruire, mais Dieu sauve les âmes des gens. Chaque vision qui vient de Dieu est excellente. Il est très important pour la personne de reconnaître Dieu à travers cette vision.

L'esprit humain ne peut pas résister à quelque chose qui vient de Dieu. La présence d'un ange est toujours trop forte pour qu'un être humain puisse y résister. L'esprit de l'ange est dominant sur l'esprit humain parce que la présence de Dieu, dans l'ange, est dans la dimension humaine. Un ange passe tout son temps, 24 heures sur 24, 7 jours sur 7 devant Dieu, alors qu'un être humain est très occupé par les problèmes sociaux. Lorsqu'une relation se brise, toutes les émotions de cette personne seront concentrées sur la cause de la rupture. Cette personne n'aura aucune chance de se connecter pleinement avec Dieu jusqu'à ce que la situation devienne calme plutôt que stressante. Beaucoup de gens ont du mal à être en présence de Dieu pour le reste de leur vie. L'un des problèmes est qu'en tant qu'humains, ils vivent dans ce monde, alors que Dieu est dans un monde différent. Une personne doit tout abandonner pour suivre Dieu. Être en présence de Dieu à temps plein, 24 heures sur 24, 7 jours sur 7, implique que l'esprit humain se connecte à Dieu. Alors que Dieu et l'esprit humain sont spirituels, le corps de l'être humain n'est pas spirituel. Beaucoup de gens s'intéressent aux vêtements, aux voitures et aux maisons et à tout ce dont le corps a besoin (Actes 10 :10-48). La vision de Peter est également intéressante à analyser. Pierre et Corneille ont tous deux vu la même vision d'une manière différente mais avec la même interprétation.

Pierre a vu de mauvaises choses, mais ces choses ne semblaient pas aussi mauvaises en présence de Dieu. Comme je l'ai déjà dit, la vision de Dieu ne peut pas être mauvaise. Il ne doit pas non plus être mal interprété. D'un autre côté, Cornelius a eu une vision impliquant un bel ange. L'esprit de Corneille et l'esprit de Pierre devaient faire face à la vision de Dieu, “poussant des idées indésirables dans l'inconscient et les y gardant” (Benson, Grove et Appignanesi 1998, 57). La vision de Peter l'a stressé et l'a troublé. La confusion est un état d'esprit. Bien que confus, Peter a vu des créatures inhabituelles dans sa vision. Il entendit le Seigneur Jésus-Christ lui ordonner de tuer et de manger, mais il cherchait toujours une interprétation de sa vision lorsqu'il rencontra Corneille. Au contraire, Cornélius ne paniquait pas car il avait vu un ange briller. Et si la vision avait été inversée avec Peter voyant un ange brillant et Cornélius voyant des animaux sales? Leurs esprits pouvaient tous les deux percevoir ce qu'ils avaient vu comme positif parce que ce serait quelque chose qu'ils voyaient tous les deux normalement tous les jours de leur vie. Pierre avait vu des anges plusieurs fois, et il avait été avec Jésus, mais Jésus ne lui avait jamais dit de manger ces animaux. Ces animaux étaient quelque chose de nouveau dans l'esprit de Peter. Il ne les avait jamais touchés de sa vie. Il était fou. Pierre ne pouvait pas garder cette vision dans son esprit sans en connaître l'interprétation. Il savait que le Seigneur Jésus-Christ lui avait demandé de tuer ces mauvais animaux et de les manger, mais le Seigneur n'avait pas interprété la vision pour Pierre. Peter a été mis au défi par cette vision désagréable, et Cornélius était confus jusqu'à ce que l'ange lui dise de chercher Peter, à quel point l'ange a disparu physiquement mais pas spirituellement. Un ange peut prendre toutes sortes d'apparences, et ces apparences peuvent être utilisées de différentes manières. Cela dépend de la façon dont Dieu veut les utiliser. Pierre et Corneille cherchaient maintenant la solution à la tâche qui leur avait été confiée par Dieu. Aussi, le résultat était vrai. Si le résultat n'était pas vrai, cela aurait signifié que la vision n'était pas bonne.

Beaucoup de visions ont échoué parce que ceux qui ont eu des visions ont visité les mauvaises personnes, comme les astrologues, plutôt que Dieu. Je crois qu'aucun astrologue n'a la capacité d'interpréter un rêve ou une vision qui vient de Dieu. Seul Dieu est capable de choisir quelqu'un avec l'intelligence pour interpréter n'importe quelle vision ou rêve qu'il a montré à une personne. L'intelligence d'un être humain est différente de l'intelligence de Dieu parce que Dieu ne pense pas en tant qu'être humain. Certaines visions ne viennent pas de Dieu. Comme je l'ai déjà dit, Satan a ses propres visions, qu'il envoie aux gens qui l'adorent. Chaque vision doit venir de l'un des deux endroits, soit de Dieu, soit de Satan. Une vision ne peut être neutre, envoyée ni par Satan ni par Dieu. Beaucoup de gens apportent leurs visions à des astrologues ou à des magiciens pour interprétation. C'est une terrible erreur. A moins que la personne ne soit sataniste. Tous les magiciens adorent Satan. Bien qu'ils le sachent eux-mêmes très bien, ils ne veulent pas le dire directement aux autres. Ceux qui ont foi en Dieu ne perdront jamais les interprétations de leurs visions. De plus, certaines personnes, lorsqu'elles voient des visions d'anges, ne se soucient même pas des messages que les anges leur donnent. Une vision qui vient d'un ange confère une bonne connaissance de Dieu dans l'esprit de la personne ayant la vision. Dieu veut que l'esprit de la personne ait pleinement accès à sa connaissance. De plus, lorsqu'une personne consulte un astrologue, cela ne signifie pas que personne n'a besoin de consulter Dieu. Dieu nous donne le choix, mais Dieu ne fait le choix pour personne. Il ne prédestine que la vision de quelqu'un. Comme nous le savons, parfois une vision de Dieu confond l'esprit humain, mais à la fin de la vision, et après avoir recherché la vision, la personne se rapproche de Dieu, moment auquel Dieu fournit le sens de la vision ou du rêve. Dieu ne gaspille aucune de ses visions ou de ses rêves. Le but de ses visions est d'aider une personne à découvrir quelque chose de très important qu'elle a besoin de savoir dans sa vie. La mémoire humaine ne peut retenir que quelque chose que la personne fait quotidiennement. C'est ce qui arrive quand les gens reçoivent une vision. Quand il s'agit de quelque chose que personne n'a jamais vu auparavant, la mémoire le rejettera définitivement dans le sens de chercher de l'aide. Une fois que la mémoire l'aura compris, elle le ramènera alors pour le stocker.

Techniquement parlant, la vision d'un être humain est d'être avec Dieu au ciel. Même ceux qui ne croient pas en Jésus-Christ comme leur Seigneur et Sauveur croient qu'ils seront avec Jésus-Christ au ciel selon leurs visions. Ceux qui ne croient pas au Seigneur Jésus-Christ croient toujours qu'il y a quelque chose de très puissant dans la prochaine vie. C'est pourquoi la recherche est basée sur l'étude de quelque chose de nouveau et concerne aussi la découverte de quelque chose que l'être humain ne connaît pas. Il n'y a pas de fin à la recherche. Et s'il n'y a pas de fin, cela signifie que Dieu est la fin de tout et le début de tout. Dieu est la meilleure source de recherche pour toute personne qui souhaite découvrir le monde. Une vision de Dieu fait également partie de la recherche d'une personne parce que la connaissance humaine est basée sur Dieu. Dieu est le Créateur de l'humanité. Dieu sait comment faire rêver une personne et quand lui montrer une vision.

Nous avons entendu parler des visions récemment. Les visions fournissent une compréhension humaine directe. On peut obtenir une interprétation directe de sa vision d'un ange. Comme nous l'avons vu, Pierre et Corneille ont tous deux eu une vision et une interprétation directe parce qu'un ange a parlé à Corneille. Corneille savait que c'était un ange de Dieu. Il n'avait pas besoin de chercher un astrologue ou un magicien pour l'interprétation. L'ange lui dit directement quoi faire dans cette vision. Aussi, Cornélius ne devait pas garder la vision pour lui seul. Il a dû partager cette vision avec de nombreuses personnes pour la gloire de Dieu et pour le bien de tous ceux qui recevraient le message avec un bon cœur. Le but de la connaissance de Dieu est de bénir son peuple, en particulier ceux qui le craignent. Une vision n'est pas la même chose qu'un rêve. Je ne cesse de répéter cette idée parce que je veux que le lecteur soit conscient de la relation d'amour de Dieu avec les êtres humains. La vision d'un ange est basée sur Dieu. Dieu envoie l'ange à un être humain. Une vision de Dieu ne peut pas être mal interprétée à moins que la personne qui a la vision ne consulte les mauvaises personnes, comme les astrologues, les magiciens ou quelqu'un d'autre qui n'a pas le don d'interprétation. Mais il est très difficile pour quelqu'un qui a le don d'interprétation, qui vient de Dieu, d'interpréter mal un rêve ou une vision.

J'ai rencontré beaucoup de gens qui ont ce don mais ne craignent pas Dieu, ce qui les pousse à être conduits dans la mauvaise direction. Dans le journal Good News (2018), il y avait une histoire sur Laura Maxwell. Alice Cooper disait des choses similaires à ce que j'ai dit précédemment sur les satanistes. Je crois qu'un lecteur regarde de nombreuses parties du Rêve des anges, il voit la même pensée exposée dans l'histoire du journal Good News. Alice Cooper, à la page 3 du journal, a déclaré: « Faites attention ! Satan n'est pas un mythe. D'un autre côté, Laura a déclaré: «Bien que beaucoup de gens pensent que la sorcellerie ne fonctionne pas, elle est en fait très puissante. Comme d'anciens occultistes comme moi peuvent en témoigner, les gens n'investiraient pas de temps, d'énergie et d'argent dans quelque chose qui n'a pas produit de résultat. Ces gens travaillent avec Satan lui-même. Certains d'entre eux sont également astrologues. Ils peuvent interpréter des rêves ou des visions selon la voie de Satan mais pas selon la voie de Dieu. C'est l'une des raisons pour lesquelles de nombreuses visions que les gens ont n'aboutissent pas au succès. Satan cherche son propre intérêt ; il fait trop réfléchir les gens avec beaucoup de réflexion psychologique. Beaucoup de gens qui savent que Satan est réel adorent Satan, mais quand ils sont avec d'autres personnes, ils introduisent parfois la science. Notez, cependant, qu'il y a aussi de bons scientifiques qui croient en Dieu. Les idées de nombreux scientifiques empêchent les gens de connaître le vrai Dieu. Ces scientifiques nient l'existence de Dieu en présentant aux gens de nombreuses recherches psychologiques et philosophiques, mais ils croient que Satan est leur dieu et qu'il est réel, mais Dieu n'est pas réel. C'est faux parce que Satan et Dieu sont réels. Nous ne devons jamais nier l'existence de l'un et accepter l'existence de l'autre pour notre propre intérêt. Personnellement, je dis aux gens que Dieu est réel parce que j'ai été créé à l'image de Dieu; son image représente la source originelle de moi. Cela signifie que tout ce qu'un être humain fait dans ce monde doit venir de Dieu. Dieu a mis son signal à l'intérieur de l'esprit humain afin que les gens puissent communiquer avec lui. Chaque fois qu'un philosophe, un psychologue ou un scientifique dit quelque chose en faveur de Dieu, il est obligé de résister à la critique négative qui en résulte. Les gens commenceront à dire que le philosophe, le psychologue ou le scientifique est religieux et chrétien simplement parce qu'il croit en l'idée de Dieu.

J'ai lu des livres indiquant que René Descartes était chrétien. De plus, la philosophie d'Emmanuel Kant est basée sur des principes chrétiens et la méthode philosophique de William James est basée sur la religion. Je crois que ces idées n'aident pas en ce qui concerne le rêve d'un ange pour un être humain. Dans un des nombreux livres de philosophie que j'ai lu, le philosophe a dit qu'il avait tué Dieu, mais à l'époque où je lisais son livre, il était mort depuis longtemps déjà. Ces types de philosophes qui résistent à Dieu afin de détruire l'esprit humain écrivent des livres pour critiquer la religion. Cela n'a aucun sens pour moi. Si les gens se réunissent avec la même bonne idée qui peut contribuer à la société, je pense que les gens devraient apprécier l'idée. Quand quelqu'un dit quelque chose de négatif à propos de Satan, d'autres personnes peuvent dire qu'ils sont d'accord, mais dans leur cœur, ils n'aiment pas l'idée. Personne qui adore Satan ne le trahira jamais. Rejeter une idée négative de Dieu n'a aucun sens. Il serait préférable de vérifier auprès des nombreuses personnes qui ont eu des expériences de Dieu et de Satan. Beaucoup de gens quittent Satan pour servir Dieu. Personne ne peut servir les deux en même temps. Dieu sait tout. Dieu est omnipotent et omniprésent, ce qui signifie qu'il est partout à la fois. Les gens demandent comment Jésus peut être Dieu. Dieu peut être à plusieurs endroits en même temps. Il a quitté son trône physiquement pour venir sur terre mourir pour chaque être humain. Dieu est un esprit mais n'est pas humain. « Dieu est Esprit, et ceux qui l'adorent doivent l'adorer en esprit et en vérité » (Jean 4:24). La vision de Dieu est toujours belle et vraie, surtout lorsque la personne est d'accord avec cette vision, auquel cas elle recevra une interprétation directe de Dieu lui-même. Corneille a vu un ange, et cet ange lui a donné une excellente instruction.

Pierre a eu une vision. Il a entendu la voix de Dieu, mais il est resté confus jusqu'à ce qu'il rencontre Corneille, qui a interprété sa vision. Ceux qui ne croient pas en l'existence de Dieu devraient lire les témoignages de personnes qui ont servi Satan avant de servir Dieu. Vous ne pouvez pas critiquer le surnaturel si vous ne l'avez pas vécu. Vous devez expérimenter les deux côtés si vous le pouvez. Mais il vaut mieux expérimenter le côté de Dieu si vous souhaitez découvrir qui est Satan. Lorsque vous connaissez quelque chose de bien, vous connaissez probablement le mauvais côté de cette chose, mais au contraire, si vous connaissez le mauvais côté de quelque chose, il est peu probable que vous en connaissiez le bon côté. L'étude d'une vision laisse une bonne impression, donne une bonne idée des êtres surnaturels. Les êtres surnaturels ne doivent pas être ignorés. Ils existent. Ils sont avec nous. Ils vivent avec nous. C'est à chacun de choisir le bon côté des choses. Il vaudrait mieux avoir de bonnes visions avec de bonnes interprétations de Dieu. Vous n'aurez jamais une bonne interprétation de votre vision si vous consultez un magicien ou un astrologue. Ce type d'interprétation ne vous aidera pas.

Il n'est pas nécessaire de dormir pour avoir une vision, comme je l'ai mentionné à plusieurs reprises auparavant. La vision change l'esprit d'une personne en lui offrant la possibilité de faire quelque chose de différent dans sa vie. L'esprit humain se déplace dans de nombreux endroits différents en une seconde sans bouger physiquement. La connexion de deux mondes en même temps est une chose étonnante. Les psychologues qui n'ont jamais eu ce type d'expérience l'appellent par plusieurs noms. Un médecin vous donnera un médicament pour vous faire dormir et oublier. Les choses spirituelles appartiennent à ceux qui ont une compréhension spirituelle pour expliquer ces choses de la bonne manière. Les gens qui croient en la technologie refusent de croire en Dieu. Les mêmes personnes qui ne croient pas en Dieu croient en Satan et ne veulent pas que les gens connaissent Dieu.

Dans ce chapitre, nous avons appris sur les visions, d'où viennent les visions et quel type de vision peut être bénéfique pour un être humain. Une vision n'est ni un mythe ni un rêve. C'est un événement surnaturel du monde réel qui est différent de tout ce qui se passe sur terre et qui fournit également à une personne tout ce dont elle a besoin. Chaque chose naturelle qui est dans ce monde a son commencement dans le monde surnaturel ou le monde spirituel. Aucun équipement spécial n'est nécessaire pour que les gens voyagent dans ce monde différent. Une personne peut avoir une vision surnaturelle simplement partout où elle dort, est assise ou debout. Beaucoup de gens quand ils voient une vision qui vient de Dieu, à cause de leur manque de connaissances, gaspillent leurs visions en en parlant aux mauvaises personnes. Les gens devraient pouvoir chercher la source de la vision pour obtenir une bonne interprétation, plutôt que de consulter des gens qui n'ont pas l'Esprit de Dieu. Une personne doit se fier aux bons aspects de la vision, car certaines visions peuvent être utiles à d'autres personnes dans le monde. Comme nous l'avons appris plus tôt, il existe également des fantômes, qui donnent aux gens des visions erronées. Le fantôme donne un mauvais message à quelqu'un parce qu'il a besoin de quelque chose de la personne, mais la personne ne fait pas assez attention pour savoir ce que veut le fantôme. La seule chose dont un ange a besoin est d'aider une personne à développer une bonne relation avec Dieu afin que son âme puisse être sauvée. Dieu a un bon plan pour chaque personne, c'est pourquoi il envoie un ange à chaque personne dont il a besoin. Lorsque Dieu envoie une vision à quelqu'un, cette vision apporte quelque chose d'excellent à la vie de la personne à moins qu'elle ne cherche à ce que Dieu interprète la vision. Aussi, l'interprétation d'une vision de Dieu est toujours parfaite et productive. En plus de cela, une vision de Dieu peut se produire partout où Dieu veut qu'elle se produise et à qui il veut qu'elle se produise. Vous ne devez pas apporter une vision de Dieu à des personnes qui ne craignent pas Dieu pour interpréter cette vision. Ils ne comprendront jamais la vision de Dieu parce qu'ils ne font pas confiance à Dieu; ils croient en leurs propres visions de Satan, des fantômes et des démons. Dieu a de nombreuses visions à montrer aux êtres humains.

CHAPITRE 5

EN TRAIN DE DORMIR

En ces temps modernes, il est parfois utile d'avoir un lit confortable et quelqu'un en qui vous avez confiance pour vous raconter une bonne histoire avant de vous endormir. Le sommeil est identifié en psychologie de plusieurs manières, et en contradiction avec de nombreux psychologues différents. Les psychologues ont émis l'hypothèse de nombreuses raisons du besoin de sommeil en analysant l'esprit humain conscient. Pour ce qui est des anges, un ange ne dort pas car un ange n'a pas de corps humain pour se fatiguer. De plus, un ange n'a pas le temps de dormir parce que Dieu ne dort pas. Comme nous l'avons appris dans les chapitres précédents, le sommeil est important dans la mesure où il nous donne accès aux rêves. Un ange est très différent parce que son rêve est très différent, mais il voit quand une personne dort. Un ange non seulement surveille une personne lorsqu'elle dort, mais protège également la personne lorsqu'elle dort, surtout si c'est une personne qui craint Dieu, qui est le type de personne que les anges protègent toujours, jour et nuit. Le même ange peut aussi avoir de nombreuses significations qui sont liées à son devoir. S'il est un ange gardien, alors il offre une protection. Quand quelqu'un dort, cela fait aussi partie de la méthode psychologique en cours. Quand l'esprit d'une personne est très fatigué pendant la journée, cela signifie qu'il est peu probable qu'elle rêve après s'être endormie. Le cerveau ne peut pas faire face à un rêve, car nous savons que l'esprit humain n'est pas un organe du corps et donc ne se fatigue ni n'a besoin de dormir. Lorsque l'esprit conscient d'une personne est fatigué après avoir dormi puis s'être réveillé, il ou elle ne peut pas se souvenir de ce qu'il a rêvé parce que l'organe physique était fatigué. Les stades du sommeil se réfèrent au moment où une personne s'endort, puis se réveille pendant la nuit et se rendort plus de deux fois. Je crois que de nombreux scientifiques, psychologues et philosophes ont fait des recherches sur ces étapes. Ils peuvent les appeler par des noms différents, mais dans Le Rêve des Anges, je les appelle les trois étapes du sommeil. Dormir n'a pas été inventé par un être humain mais par Dieu. C'est Dieu qui a conçu le fonctionnement interne du cerveau humain en relation avec l'ensemble du corps humain. Le corps humain peut être fatigué ou malade, mais si le cerveau a encore de la force, la personne n'a pas nécessairement besoin de s'endormir.

Dormir n'est pas une émotion; elle ne peut être identifiée que comme la réaction de l'émotion car lorsqu'une personne se sent mal ou bien, elle aura besoin de dormir pour se rafraîchir la mémoire. Ce type d'émotion amène une personne à bien ou mal dormir, et se traduit parfois par un mauvais rêve. Lorsqu'une personne a bu trop d'alcool, elle peut s'endormir là où elle se trouve car il est impossible de résister à son émotion. L'être humain a la capacité de dormir à tout moment et dans n'importe quel endroit où il veut dormir; le corps doit s'allonger un instant. Un ange de Dieu, à ce stade, sera toujours avec une personne craignant Dieu, que la personne soit de bonne ou de mauvaise humeur avant de s'endormir. Le corps humain n'échappera jamais au besoin de sommeil parce que Dieu a créé le sommeil pour une bonne cause. L'un des buts pour lesquels Dieu a fait dormir est de communiquer avec l'humanité. « Appelez-moi, et je vous répondrai, et je vous montrerai des choses grandes et puissantes que vous ne connaissez pas » (Jérémie 33 :3). Plus une personne craint Dieu, plus Dieu parle à une telle personne dans les rêves et lui montre ses visions. La réaction au sommeil est affectée par ce que la personne faisait avant de s'endormir. Les gens dorment de différentes manières. Quelle que soit la manière de dormir, le cerveau humain, recevant des signaux de fatigue du corps, arrête le corps et l'empêche de communiquer avec le cerveau. Le cerveau est composé de nombreuses parties, et chacune de ces parties est connectée à l'ensemble du corps humain, que le cerveau contrôle toutes. Un ange n'a pas toutes ces parties parce que son corps n'est pas le même qu'un corps humain. Il a un corps surnaturel comme nous l'avons appris dans les chapitres précédents. Bien qu'un ange soit pleinement connecté à la pensée de Dieu, qui ne peut être ni connue ni étudiée, les anges ne connaissent pas la pensée de Dieu; seul l'Esprit de Dieu connaît la pensée de Dieu. Dieu lui-même sait pourquoi il ne veut pas que les êtres humains découvrent ce qu'il pense. Si Dieu permettait aux gens de connaître sa pensée, alors Dieu deviendrait inutile et ses secrets seraient révélés. Dans sa première relation avec un être humain, il regretta d'avoir créé les humains en premier lieu: « Et le Seigneur regretta d'avoir fait l'homme sur la terre, et il fut affligé dans son cœur » (Genèse 6 :6). Dieu a même détruit chaque être humain et certaines créatures, mais il restait encore des créatures, celles qui étaient irréprochables.

Dormir implique des problèmes de conscience. A ce stade, je dois introduire la psychologie afin de décrire comment un humain dort et ce qui se passe avec les anges qui marchent à côté des êtres humains. Sigmund Freud était un psychiatre qui a introduit la psychodynamique, qui signifie « esprit actif ». Mais de nombreux autres psychologues ont proposé des compréhensions psychologiques, cherchant à mettre à jour le travail que Sigmund Freud avait fait dans le passé. Dormir n'est pas la capacité d'être éveillé, car lorsqu'un être humain se réveille, il n'est plus dans un état inconscient. Benson, Grove et Appignanesi déclarent: « Psychodynamique signifie« esprit actif ». Il s'agit de lutte en particulier dans l'inconscient caché. En pratique, cela souvent et, dans une plus ou moins grande mesure » (Benson, Grove et Appignanesi 1998, 48). Le contraire de rêver est d'être éveillé. On peut aussi être conscient de cette façon en rêvant. La mémoire peut être éveillée parce que les choses que la personne est capable de voir dans le rêve sont les mêmes choses qu'elle peut voir dans le monde réel. Je crois que lorsque la conscience d'une personne est éveillée, les cinq sens fonctionnent. Ce type de fonctionnement est parfois différent de la vie normale dans le monde réel. Un être humain meurt à chaque fois qu'il dort parce que lorsqu'il dort, l'esprit conscient ne fonctionne pas de la même manière que lorsque la personne est éveillée. Cela ne signifie pas qu'une personne endormie se trouve dans un monde différent lorsque son corps est allongé sur un lit ou un canapé. Avant que la technologie ne soit largement utilisée, de nombreuses personnes étaient enterrées vivantes si elles ne se réveillaient pas à leur heure normale. Au début, de nombreuses personnes ont été enterrées après avoir été dans le coma pendant plusieurs mois. Si cette situation se produit maintenant, elle s'est également produite dans le passé par manque de technologie.

La conscience humaine, qui alimente le cerveau pendant le sommeil, ne peut s'empêcher de faire ce qu'elle est censée faire en relation avec le cerveau humain. Le commandement d'une personne n'affecte pas sa conscience, mais sa conscience affecte son comportement. Cet effet n'est pas seulement un effet négatif mais aussi un effet positif. Quand quelque chose arrive à une personne, son cerveau ne réagira qu'une fois que l'esprit aura tiré ses propres conclusions. L'esprit humain montre deux sortes de résultats différents, soit vrais ou faux, soit négatifs ou positifs. Le corps humain et la conscience humaine ne sont jamais les mêmes parce que les lois qui les régissent ne sont pas les mêmes. Comme je l'ai mentionné précédemment, lorsque le cerveau est fatigué de fonctionner, tout le corps doit également être fatigué. Lorsqu'une personne dort, cela ne signifie pas que sa conscience dort. Le conscient est toujours actif. Ces règles de première étape s'appliquent à tout être humain. Tout le monde a la même forme, y compris une tête, des bras et des jambes. Ces trois parties du corps humain s'appliquent à tout le monde. Si les gens font partie d'une communauté, ils représentent les parties du corps humain. Pour la perspective chrétienne, lisez 1 Corinthiens 12 :12-27, qui fait un bon point sur les personnes qui vivent dans la même communauté avec la même philosophie. Leurs esprits donnent les résultats d'une vraie connaissance parce que tous croient aux mêmes principes en termes de religion. Mais cela ne signifie pas qu'un ange de Dieu ne viendra que lorsque les gens seront ensemble et du même esprit. Voyons ce que la philosophie chrétienne a à dire à propos de l'église: « Je vous dis encore que si deux d'entre vous sont d'accord sur la terre concernant tout ce qu'ils demandent, cela sera fait pour eux par mon Père céleste. Car là où deux ou trois sont assemblés en mon nom, je suis là au milieu d'eux » (Matthieu 18 :19-20). De l'autre côté de l'équation, il y a des gens qui contredisent cela en disant: « La société change et la religion change avec elle » (Aldridge 2000, 23). Dans ce type de contexte, le sens de religion n'a pas de sens car les gens veillent à leurs propres intérêts et à celui de leur culture avec une religion. C'est bien parce que Dieu a établi cette règle, disant qu'un ange de Dieu est autour de ceux qui le craignent. Si Dieu devait considérer les différentes significations que les gens appliquent à la religion, il n'enverrait jamais ses anges à personne, mais Dieu considère le cœur de chaque personne.

C'est pourquoi nous dormons, selon la façon dont Dieu nous a faits. Il nous a programmés comme ses robots. Nous avons un temps pour dormir et un temps pour être éveillé. C'est pourquoi j'ai écrit le chapitre suivant, sur le fait d'être éveillé. Dieu sait pourquoi la conscience humaine doit être éveillée même lorsque le corps ne bouge pas. L'esprit conscient n'est pas affecté que nous dormions ou non, car c'est une mémoire humaine alerte qui est éveillée, comme lorsqu'une personne est au lit avec les yeux ouverts mais sans que son corps ne bouge. Dans cette position d'un corps allongé sur le lit, un ange de Dieu peut voir la personne endormie sur le lit. Comme nous l'avons appris, le stade conscient ne permet pas à une personne de dormir ou de rêver les yeux fermés et le corps immobile. L'esprit conscient est toujours éveillé, alors que le cerveau humain se fatigue, c'est pourquoi les gens doivent fermer les yeux avant de pouvoir s'endormir. Certaines personnes n'ont pas à dormir les yeux fermés, surtout lorsqu'elles prennent de fortes doses de certains médicaments. Un de mes amis qui prenait un médicament pour améliorer sa santé mentale dormait sans fermer les yeux. Il est resté plusieurs jours sans dormir, sa conscience étant dans un état immobile. Beaucoup de gens ont été dans un état d'esprit avec leur conscience encore éveillée. Ceci est attribuable au stress, qui peut causer de l'insomnie. Cela arrive aussi quand vous avez trop de choses à faire, ou même quand quelqu'un à côté de vous parle. Vous ne pouvez même pas écouter cette personne parce que votre conscience n'est pas physiquement avec votre corps à ce moment-là. La conscience d'un ange est toujours présente avec son corps surnaturel, ce qui est très différent de ce qui se passe dans le monde humain.

Maintenant, découvrons le préconscient, qu'il est très important de connaître à la lumière des étapes du sommeil. Comme nous le savons tous, nous ne pouvons pas parler des rêves des anges sans nous demander comment les anges dorment et comment fonctionne leur conscience. Selon Freud, « le préconscient contenant des souvenirs de rêves, des « coups de langue », etc., donne des indices sur l'inconscient à partir des pensées et des actions qui y apparaissent si vous vous souvenez d'un rêve, vous ne révélez pas directement des pensées inconscientes mais vous idées codées. Ce symbolisme nous protège, ainsi nous ne sommes pas bouleversés ou dérangés par ce que pense réellement notre inconscient » (Benson, Grove et Appignanesi 1998, 49). Les étapes du préconscient endormi déplacent le cerveau humain vers d'autres étapes qui peuvent amener une personne à l'étape inconsciente. La dernière étape est l'arrêt du cerveau. Imaginez un moment où vous avez essayé de vous forcer à ne pas dormir mais n'avez pas réussi à empêcher votre cerveau de s'arrêter. Parfois, rester éveillé lorsque votre cerveau essaie de se fermer vous fait dire des bêtises aux gens comme si vous étiez ivre. Une personne mûre sait contrôler quand elle veut dormir, mais un jeune comme un petit enfant, lorsqu'il a de la nourriture à la main, s'endort parfois avec la nourriture encore à la main. Un ange gardien peut toujours protéger les personnes qui craignent Dieu pendant les phases de sommeil pour s'assurer que leur corps et leur âme sont dans un endroit confortable. Beaucoup de gens sont tombés dans un terrible sommeil profond devant une cheminée. Certaines personnes ont vu une tornade arriver après s'être endormies. Parfois, lorsque les gens s'endorment, leur maison est inondée et détruite. Mais dans tous ces cas, un ange gardien de Dieu protège ceux qui le craignent. De plus, par la grâce de Dieu, les anges de Dieu protègent tous ceux qui méritent sa grâce. La crainte de Dieu est quelque chose que Dieu aide une personne à développer à sa manière et en son temps.

La pensée préconsciente est un état d'esprit qui donne à une personne la capacité de savoir ce qui va se passer avant d'agir, que ce soit de manière positive ou négative. En outre, une personne peut recevoir un message d'un ange lorsque son esprit est au stade préconscient. Si un ange rend visite à quelqu'un qui est dans l'état préconscient, l'ange apparaît essentiellement à la personne lorsqu'elle est endormie. Lorsque la personne est éveillée, l'ange commence à lui raconter ce qui s'est passé pendant qu'elle dormait. Beaucoup de gens ont ce problème de se souvenir de quelque chose comme un rêve ou une vision. Ils dorment très bien, mais ils ne peuvent pas dire aux gens ce qu'ils voient. C'est un échec du préconscient. Même quand ils voient un ange dans leurs rêves, quand ils se réveillent, ils ne peuvent le dire à personne. Ce n'est pas parce qu'ils ne savent pas mais parce qu'ils ont un problème avec leur préconscient. L'esprit humain doit avoir un élément d'action préconscient. Lorsqu'une personne a quelque chose à dire à d'autres personnes, elle doit le dire à ces autres personnes sans hésitation afin d'éviter un incident qui est sur le point de se produire dans leur vie. Il arrive souvent qu'une personne soit incapable d'oublier un bon ou un mauvais rêve. Si l'esprit humain et le préconscient ne travaillent pas ensemble ou n'interagissent pas l'un avec l'autre, alors la personne peut perdre son temps à dormir. Une personne devrait bénéficier du sommeil parce que c'est quelque chose qui lui fait comprendre le plan de Dieu pour sa vie. Nous ne pouvons pas nous fier uniquement aux astrologues pour interpréter nos rêves. Je crois que ceux qui partagent leurs rêves et leurs visions avec des magiciens et des astrologues ne reçoivent jamais une bonne interprétation. Les gens doivent considérer leur temps pour dormir; ces temps ne sont pas à perdre. Les gens sont même capables de faire quelque chose de mieux pendant leur sommeil. Beaucoup de gens deviennent stressés ou déprimés par manque de sommeil. Parfois, les gens oublient de descendre à leur arrêt de bus ou à leur gare parce qu'ils manquent de sommeil.

Vous ne pouvez pas conduire une voiture sans savoir où vous allez, surtout lorsque vous êtes sur une autoroute et que vous parcourez de longues distances. De plus, sur l'autoroute, il n'y a personne pour demander votre chemin lorsque vous êtes perdu, ce qui peut être catastrophique lorsque vous voyagez. Dormir est bon pour la santé. Lorsqu'une personne ne parvient pas à dormir suffisamment, elle peut éprouver de nombreux problèmes graves en conséquence. Quand j'étais jeune, ma famille avait des assiettes avec un dessin avec des tomates au centre. Chaque fois que nous, les enfants, nous nous endormions, nous pensions que ces dessins étaient de vrais aliments. Même le matin, lorsque nous nous sommes réveillés, nous avons vu les mêmes assiettes avec le dessin de tomates, mais quand la nuit est tombée et que notre esprit préconscient a été forcé de s'arrêter, nous ne nous sommes plus souvenus du dessin de tomates sur ces assiettes. Les enfants aiment jouer 24h/24 et 7j/7. Vous les arrêtez en leur disant qu'il est trop tard ou qu'il est temps d'aller au lit, mais qu'ils ont encore besoin de jouer en dormant. Ils ne peuvent pas contrôler leur mode de sommeil ; ils vont s'endormir là où ils jouent. Lorsque vous êtes dans un état préconscient, vous pouvez penser d'une manière juste et positive concernant tout ce que vous faites. C'est aussi un bon état d'esprit pour une personne de pouvoir se souvenir de ce qu'un ange lui dit avant et après le rêve. Beaucoup de gens souhaitent pouvoir voir des anges tout le temps, et ils ont tendance à se préparer à en voir un quand ils dorment. Je crois que les anges de Dieu apparaissent aux gens dans leurs rêves de plusieurs manières, mais seuls certains ont la capacité de s'en souvenir au stade de la préconscience. Il est rare qu'un ange de Dieu rende visite à une personne qui a consommé de l'alcool, car ce n'est pas un bon état pour un humain lorsqu'il reçoit la visite d'un ange. Ce type de situation se produit lorsque Dieu a une mission spéciale urgente pour une personne en particulier. Le préconscient amène l'esprit humain à se souvenir de tout.

Beaucoup de gens contredisent ma croyance selon laquelle un ange ne rendra pas visite à une personne qui a bu de l'alcool. Ces personnes croient aussi que les nombreux prophètes mentionnés dans la Bible (le livre sacré judéo-chrétien) buvaient de l'alcool. Certains croient même que Jésus était un buveur et qu'il permettait aux gens de boire et de s'enivrer d'alcool. Si cet argument est vrai, nous devrions nous poser une question: Jésus était-il dans l'état d'esprit préconscient ? La réponse à cette question doit amener au moins certaines personnes à comprendre pourquoi ce serait une bonne idée d'arrêter de consommer de l'alcool. Lorsqu'une personne se souvient d'avoir vu un ange, cela indique qu'elle a une capacité innée à penser positivement sans l'aide de l'alcool. Les anges de Dieu ne boivent pas d'alcool et sont toujours dans un état d'esprit positif.

Parfois, les gens se demandent comment ils ont pu oublier un moment où ils ont reçu un bon message d'un ange? Cette question se pose à tout le monde, même aux personnes non religieuses. Il est toujours déroutant de connaître le message exact que l'ange a cherché à transmettre, car dans le rêve, il existe de nombreuses sortes de personnes. Certaines des personnes que vous voyez dans vos rêves sont des personnes que vous n'avez jamais vues auparavant dans votre vie. Ce peuvent aussi être des personnes que vous voyez normalement dans votre vie de tous les jours, mais votre esprit préconscient vous empêche de les identifier correctement.

Pour reconnaître un ange dans votre rêve, vous devez avoir une bonne connexion avec Dieu. Vous devez également respecter la Parole de Dieu à tout moment parce que Dieu fait rayonner sa faveur sur ceux qui le cherchent avec un cœur humble et pur. Quand une personne a une mauvaise relation avec Dieu, elle peut chercher à démontrer aux autres qu'elle a une bonne relation avec Dieu, mais si à l'intérieur de la personne n'est pas parfaite, Dieu connaîtra le cœur de cette personne. La relation d'une personne avec Dieu doit être bonne car un bon discernement aide une personne à identifier qui apparaît dans ses rêves lorsqu'elle dort. Dieu connaît nos cœurs, mais cela ne signifie pas que lorsque quelqu'un dort, Dieu connaît le cœur de cette personne. Cela ne signifie pas non plus qu'une personne doit continuer à vivre dans la nature pécheresse simplement parce que Dieu connaît le cœur humain. Je vois beaucoup de gens condamner la vérité en la qualifiant de critique. De telles personnes oublient de consulter le dictionnaire pour trouver la différence entre les mots vérité et jugement.

Vous faites preuve de jugement lorsque vous avez un choix à faire. Ce que vous choisissez dépend de votre volonté, et vous êtes le seul responsable de votre choix. De plus, le jugement est toujours basé sur vos propres calculs et choix. Vous seul pouvez croire votre propre résultat sans le comparer avec celui d'une autre personne.

Il est important de comprendre l'état préconscient, dans lequel l'esprit peut être soit dans un bon état, soit dans un mauvais état. Dans cet état, il n'y a aucune certitude, mais l'esprit ignore le doute. L'esprit d'un ange n'est jamais inconscient. Si jamais un ange ne parvient pas à se souvenir de quelque chose, alors vous savez qu'il n'est pas un bon ange. Beaucoup de gens vénèrent les anges, croyant que les anges peuvent les aider, les sauver et leur donner tout ce dont ils ont besoin. Ces types d'anges que les gens adorent se croient et s'appellent eux-mêmes des dieux. Un véritable ange de Dieu ne permettra pas aux gens de l'adorer comme Dieu, parce qu'il sait que Dieu ne permet pas aux êtres humains d'adorer les anges. Beaucoup de gens placent même des statues d'anges devant leurs maisons. Ce n'est pas une mauvaise chose, cependant, quand ils n'adorent que Dieu et que ces statues d'anges sont juste à des fins ornementales.

Un être humain devrait avoir un bon état d'esprit pour mémoriser tout ce qu'un ange lui dit dans un rêve, dans une vision ou dans la vie réelle. Aucune action accomplie dans le monde surnaturel n'échoue. Un ange propose toujours un bon plan d'action pour une personne lorsque cette personne est dans un bon état d'esprit pour reconnaître et comprendre la puissance de Dieu. L'action surnaturelle en présence d'une personne amène la personne à savoir que la puissance de Dieu et sa présence viennent d'un monde différent. Comme je l'ai déjà dit, ce monde a une présence différente. C'est pourquoi lorsqu'une personne se connecte au monde surnaturel, il lui est difficile de le faire facilement. De plus, il est difficile pour une personne d'oublier ce qu'elle voit dans le monde surnaturel. Ce monde terrestre est très oublieux, mais Dieu n'est pas un Dieu oublieux. Il sait tout ce que les humains lui demandent. Il n'oublie personne.

Dormir n'est pas quelque chose qu'un être humain peut oublier de faire. Surtout quand la conscience d'une personne commence à faiblir, elle saura automatiquement que c'est la nuit et donc l'heure de dormir. Cet état d'esprit est calculé par Dieu dans l'esprit de la personne. Cette étape ne peut être ignorée car tout le monde reconnaît que la nuit est le moment où ils ne voient pas de soleil, seulement la lune. Un esprit inconscient ne se souvient de rien, par exemple de la peur ou des souvenirs traumatisants du passé. Toutes ces pensées sont complètement cachées et totalement inaccessibles pour nous lorsque nous sommes inconscients. L'inconscient est nécessaire à notre survie dans la mesure où il nous aide à oublier les traumatismes passés afin de reprendre notre vie en main. Nous ne verrons jamais directement l'inconscient opérer en termes strictement freudiens. « Il est faux de dire 'subconscient' en se référant à l'inconscient. Il était catégorique sur le fait qu'il est totalement invisible et inconnu » (Benson, Grove et Appignanesi 1998, 49). La majorité des gens au vingtième et unième siècle oublient davantage les nombreuses choses qui se passent dans le monde, pour de nombreuses raisons. C'est le même principe qui entre en jeu lorsqu'une personne oublie les rêves qu'elle fait pendant son sommeil. Les états d'esprit des gens sont perturbés par les choses qui se passent dans la société. Pour bien dormir, il faut avoir une bonne vie sans stress ni dépression, ce qui aide une personne à se rappeler ce qui se passe dans ses rêves pendant son sommeil. L'inconscient humain est incapable d'enregistrer et de stocker l'incident dans le cerveau ou l'esprit. Tout passe dans la mémoire sans que la mémoire s'empare de l'information, bonne ou mauvaise. Les gens deviennent confus lorsqu'ils sont dans un état de dépression. Cela affecte leur cerveau, obscurcit la pensée et les empêche de se souvenir des choses qui se passent dans leur vie. Beaucoup de gens ne peuvent pas dormir à cause des choses qui leur sont arrivées. Par exemple, certains ont perdu leurs proches ou quelque chose s'est passé qu'ils ne pensaient pas pouvoir arriver. L'insomnie fait que de nombreuses personnes ne se souviennent pas de leurs rêves.

L'inconscient ne révèle pas les choses stockées dans la mémoire. Cela ne signifie pas que la mémoire est endommagée mais plutôt qu'elle est en mode masquage. Les êtres humains ne devraient pas avoir à nier avoir fait une erreur. Si une personne ne se souvient de rien, elle commencera à commettre de graves erreurs dans la vie. Lorsqu'une personne ne peut pas se souvenir de quelque chose de sa vie, cette action amènera son inconscient à être en mode actif. En outre, l'oubli chronique rend une personne inutile à sa communauté. Lorsque j'étudiais la philosophie à l'université, certains de nos débats portaient sur la façon de s'impliquer dans la communauté. Afin de remplir toutes ces règles, votre état d'esprit doit être motivé et vous devez avoir une conscience active. Dans les débats publics, les gens sont généralement dans un bon état d'esprit, ce qui leur permet d'être de bons penseurs. Ce genre de personnes, lorsqu'elles sont contre une personne qui a une mémoire inconsciente, deviendront les élèves de cette personne, et cette personne sera leur professeur parce que leur mémoire n'a pas de force. La mémoire inconsciente utilise un aspect de la mémoire qui est très rarement utilisé pour qu'un ange remplisse sa mission, par manque de mémoire de la personne. Si cet état d'esprit fait quelque chose pour toute la communauté, il semblera qu'une personne aveugle dirige d'autres personnes aveugles. L'un des inconvénients de ce type de mémoire est que la personne a peur d'exprimer ce qu'elle pense. Lorsque cette peur atteint le niveau du conscient, le conscient n'effectuera plus aucune action parce qu'il est dominé par la peur. Le résultat de cette mentalité est toujours le mensonge. Parfois, une personne a peur de parler et a peur d'agir. C'est pourquoi beaucoup de gens qui ont peur de se souvenir de certaines choses disent qu'ils ne peuvent pas se souvenir de ce qui s'est passé, ou si c'est quelque chose de bien ou de mal qui leur est arrivé. Beaucoup de gens se comportent de la façon dont leur esprit les pousse à se comporter. Plus ils ressentent de peur, plus ils agiront à cause de cette peur. Un esprit inconscient endommage la personnalité humaine. Il ne fait pas bon ménage avec un bon état d'esprit. Cela peut conduire une personne à se comporter de manière dangereuse.

Les attitudes humaines sont affectées par un sentiment d'isolement, ce qui provoquera le développement d'un sentiment de solitude dans l'esprit humain. L'état d'esprit inconscient éloigne même les anges d'une personne. Un ange ne trouvera pas très important de travailler avec des personnes isolées et effrayées. La Parole de Dieu dit: « Car Dieu ne nous a pas donné un esprit de crainte, mais de puissance, d'amour et d'esprit sain » (2 Timothée 1:7). Un ange de Dieu viendra avec un message de Dieu à une personne qui a une mémoire active, mais pas à quelqu'un qui demeure dans une mémoire inconsciente. Beaucoup de gens qui vivent inconsciemment se sentent très embarrassés lorsqu'ils sont en public, ne sachant pas quoi faire. Ils pensent que peu importe ce qu'ils essaient de faire, personne ne les écoutera. Ils se méfient d'eux-mêmes et, par conséquent, ils se lassent de faire confiance à leur propre esprit pour leur fournir de vrais résultats, parce qu'ils croient en un faux résultat. Il est préférable pour les gens d'avoir une bonne communication avec un ange de Dieu s'ils souhaitent recevoir le message de Dieu. Être inconscient est très dangereux pour l'esprit d'une personne.

Tout le monde doit avoir un bon esprit qui peut les aider à accomplir des choses extraordinaires dans leur vie. Il est vrai que vous avez le droit de faire des erreurs dans votre vie, mais cela ne signifie pas que vous devez continuer à faire les mêmes erreurs tout le temps. Vivre dans la même erreur peut mettre votre vie en danger. Dites que vous tuez des gens. Même si vous cachez les preuves de nos crimes, il est toujours mauvais de tuer des gens. À la fin de la journée, cela sera révélé en public, et ce sera la fin de tout dans votre vie. Beaucoup de gens soutiennent ce point qu'il est acceptable de faire des erreurs, en disant même que c'est naturel de le faire, mais je dis qu'il n'est pas juste de faire des erreurs tout le temps. Il vaudrait mieux que certaines personnes partagent leurs expériences de vie avec ceux qui continuent à faire les mêmes erreurs encore et encore.

La mémoire inconsciente n'est pas révélatrice d'une pensée intelligente. Cet état de conscience n'est d'aucune aide pour une personne dans la société. L'inconscient conduit aussi de nombreuses personnes à mettre fin à leurs jours. Un souvenir inconscient trompe les gens. Quand quelqu'un a un problème de mémoire inconscient, il ou elle mettra la vie d'autres personnes en danger. Il y avait un homme qui a été manipulé par une femme malfaisante. Dans la vie passée, cette femme vivait dans sa mémoire inconsciente. Lorsqu'elle a noué une relation avec l'homme pour la première fois, elle a exprimé sa vie inconsciente à son partenaire, ce qui l'a amené à se retrouver en prison. Cela s'est produit plus de cinq fois. Je crois que dans cet état d'esprit, l'inconscience de la femme a contaminé la vie de son homme. Ils faisaient tous les deux quelque chose qu'ils n'avaient jamais fait auparavant en présence d'autres personnes: se battre en public. Leur inconscience les a induits en erreur. Cela a endommagé leurs relations à leur insu. C'était l'inconscient qui guidait leur vie, et leurs relations en étaient affectées. Cela les a fait se comporter comme des enfants. Ils ne pouvaient pas contrôler leur propre esprit ou le fait qu'ils vivaient dans un état de mémoire inconsciente. C'est l'une des erreurs qu'ils ont commises. Leurs expériences de vie nous donnent une idée de la façon dont les relations se brisent au milieu de manipulations inconscientes. Aussi, beaucoup de gens rejettent l'idée que Dieu existe à cause d'un état de mémoire inconsciente. L'esprit humain doit faire quelque chose consciemment pour son propre bénéfice et doit avoir une bonne communication avec Dieu. La bonne conscience apporte les bonnes choses dans la vie et aboutit à une vie meilleure, mais les mauvaises expériences de la vie passée ramènent la mauvaise façon de vivre dans la situation de la vie actuelle. Aucune expérience passée ne peut être changée, mais on a la possibilité de changer ses expériences de vie futures en fonction de la situation de vie présente.

Aujourd'hui, il est clair que l'inconscient affecte l'esprit des gens parce que beaucoup de choses se passent dans la société, faisant vivre l'esprit des gens dans un état d'échec. Il est très difficile de savoir quand une personne est d'humeur ou d'état d'esprit inconscient. C'est quelque chose que personne ne peut voir; nous ne pouvons ni voir ce qu'une personne pense ni lire ce qu'une personne a fait dans le passé si elle refuse de nous le dire. Nous ne sommes pas Dieu, nous ne pouvons donc pas connaître les pensées d'une autre personne. Seul Dieu a la capacité de savoir ce qu'une personne pense. L'esprit humain est basé sur une décision, à savoir si la personne veut communiquer avec un ange, car l'esprit a le choix entre le mal et le bien. Lorsqu'un être humain a vécu un traumatisme important dans sa vie, l'échec émotionnel amène la personne à cesser de communiquer avec d'autres personnes par manque d'état d'esprit conscient. Beaucoup de personnes mûres vivent avec l'esprit d'un jeune par manque de conscience. Dans ce type de situation, l'enfant devient parent car le parent réel a échoué dans son rôle. Lorsque vous visitez la maison de ce type de famille, vous entendrez trop de bruit. Normalement, les enfants doivent apprendre des adultes parce que les adultes ont plus d'expérience, mais lorsque les adultes ne parviennent pas à éduquer un enfant, c'est parce qu'ils sont dans un état d'esprit inconscient. Cela arrive beaucoup au sein des familles, surtout lorsqu'un enfant n'écoute pas son parent. Il y a une raison pour laquelle l'enfant ne veut pas écouter son parent. C'est l'échec des parents à être responsables et à comprendre qui fait qu'un enfant cesse de les écouter. Il ne s'agit pas du refus de l'enfant d'écouter; parfois les parents peuvent être trompeurs. Il se peut aussi que quelque chose soit arrivé au parent pour l'empêcher de s'occuper de ses enfants. Dieu ne trompera jamais un être humain. Il se soucie des êtres humains à tout moment en envoyant ses anges pour transmettre de bons messages aux gens, ce qui est aussi l'un des signaux qui prouvent à une personne que Dieu se soucie d'elle. C'est seulement une pensée inconsciente qui amène une personne à rejeter l'existence de Dieu. Comme nous l'avons appris plus tôt,

Dieu parle aux gens pendant qu'ils dorment, mais lorsque le rêveur est éveillé, il ou elle ne se souviendra de rien du rêve.

La méthode de Freud démontre une bonne compréhension du sommeil. Cette méthode n'a pas été pleinement prise en considération par les psychologues qui l'ont suivi, mais sa méthode fonctionne certainement. On ne peut pas parler de sommeil sans évoquer la conscience humaine. Il est très important de faire un point sur l'esprit conscient. L'être humain ne vit pas sans méthode et action conscientes. C'est ce qui rend une personne consciente de l'existence de ce monde et de l'existence de Dieu, qui est le Créateur de tout et de chaque être humain. Un ange ne perd jamais connaissance. C'est parce qu'il est toujours en présence de Dieu, 24 heures sur 24, 7 jours sur 7. Dieu ne permet pas aux anges de quitter sa présence. La présence de Dieu donne aux anges l'impression de vivre dans un monde surnaturel. De plus, il n'est pas nécessaire qu'un ange refuse la présence de Dieu. Le roi David a dit: « Où puis-je m'éloigner de ton Esprit? ou où puis-je fuir ta présence? (Psaume 139:7). Je me souviens qu'en Israël, avant de m'approcher du Mur des Lamentations, l'un des préposés m'a dit que je devais porter une calotte, qui est une petite casquette que portent les hommes juifs. Il symbolise qu'il y a quelqu'un qui est au-dessus de nous, et que cette personne est Dieu et personne d'autre. Chaque fois que je vois un homme juif portant une calotte, cela me rappelle que l'homme juif reconnaît qu'il y a quelqu'un qui est plus grand que lui. La présence d'un ange rappelle à la personne consciente qu'il existe un Dieu éternel. Le rêve d'un ange n'est pas le même que celui d'un être humain car un ange n'a pas de corps humain et ne ressent donc jamais le besoin de dormir. Les anges de Dieu sont bien, pleins de conscience positive, qui ne deviendra jamais inconsciente. L'esprit d'un ange est toujours au courant de tout. Tout ce que Dieu dit à un ange de faire, il l'exécute sans résister. Les êtres humains essaient de résister à Dieu, mais Dieu avec sa puissance et son intelligence prouve aux êtres humains qu'il existe. La mission d'un ange n'échoue jamais parce que Dieu n'échoue pas. C'est toujours l'être humain qui échoue avec la pensée inconsciente. Un ange n'a rien à apprendre d'un être humain parce que les humains sont imparfaits, enclins à faire de nombreuses erreurs.

Si cette déclaration est vraie, cela signifie que si un ange essayait d'apprendre d'un être humain, l'ange échouerait au début. En rapport avec cette idée, Dieu n'échouera jamais. Dieu n'échoue pas et n'échouera jamais. La conscience d'un ange lui permet d'être stable et de suivre les instructions de Dieu, et de s'assurer que l'humain désigné reçoit le message de Dieu de manière appropriée. Si votre esprit est ailleurs, cela signifie que votre conscience est au même endroit que votre esprit. Tout ce que vous faites à ce moment-là avec votre corps n'aura aucune importance car toutes les parties de votre corps ne sont pas au même endroit. Cela ne permet pas l'émergence de l'état d'esprit inconscient et encourage la dissimulation d'informations à l'esprit conscient. Lorsqu'un être humain fournit de fausses informations, la vraie information est bloquée par l'émotion de la peur, ce qui ne permet pas le bon résultat. Imaginez quelqu'un qui a été victime d'intimidation dans le passé. Le comportement de cette personne doit toujours être très agressif. Cette agressivité vient du fait d'avoir vécu un comportement d'intimidation, ce qui provoque la peur dans l'esprit humain et empêche parfois une personne de prendre les bonnes décisions. Si une personne ne veut pas d'une mémoire active, alors toute information dont elle a connaissance sera cachée dans la peur et le traumatisme. Il est préférable pour une personne d'avoir un libre arbitre en termes de pensée, ce qui l'aidera à avoir un état d'esprit positif. Sans un état d'esprit positif, rien n'arrivera à une bonne résolution. Personne ne permettrait à un leader qui pense inconsciemment d'être son leader. Ce leader ne peut pas accomplir son travail correctement. Avant que ce leader puisse faire quelque chose, il ou elle doit d'abord être très conscient. Comment un leader inconscient peut-il diriger des personnes qui ont un esprit très conscient? Une personne aveugle ne peut pas montrer à une personne qui voit correctement la direction dans laquelle aller. Cela peut être une circonstance différente, mais cela arrive, quoique rarement. Une personne doit être consciente de son propre esprit. Aussi, il est préférable que Dieu lui-même communique avec un être humain à travers son esprit.

Dieu fournit les meilleurs principes pour l'esprit humain, et il nourrit l'esprit humain en envoyant à ses anges de bons messages à donner aux êtres humains, ainsi que sa bonne direction afin qu'ils puissent vivre plus longtemps sur cette terre. Je me souviens avoir vu un vieil homme qui disait qu'avoir des enfants était la seule façon de vivre plus longtemps, car cela est de respecter la Parole de Dieu. Si vous regardez le comportement des jeunes aujourd'hui, vous voyez qu'ils s'entretuent dans leurs communautés. Parfois, les parents ne comprennent pas pourquoi leurs enfants commettent des crimes que les parents eux-mêmes n'auraient jamais commis lorsqu'ils étaient jeunes. Les parents du XIXe siècle étaient plus mûrs que les parents du XXe siècle, non pas à cause d'un manque de technologie ou parce que la science n'avait pas encore été développée, mais parce qu'ils avaient une compréhension de Dieu et un respect pour leur façon de vivre dans le vue de Dieu. Ce n'est pas non plus parce que les femmes ont commencé à prendre le contrôle des hommes. C'est une mauvaise compréhension de Dieu, car Dieu voit chaque être humain en esprit.

Lorsqu'une personne meurt, son corps humain est séparé de son esprit. Comme nous l'avons appris, l'esprit ne meurt pas. Cela signifie qu'il n'y aura ni corps féminin ni corps masculin mais seulement esprit. L'esprit n'a pas de genre; il ne décide pas de quel genre il peut être. L'esprit peut soutenir une femme enceinte de huit ou neuf mois dans tout ce qu'elle a fait avant de tomber enceinte. Son esprit peut faire ce que son corps ne peut pas faire, mais il n'y a aucune possibilité que ce système émerge. C'est aussi comme lorsqu'un enfant naît et devient ensuite une personne âgée, incapable de faire les choses qu'il ou elle faisait quand il était jeune. Les jeunes peuvent aussi mourir, mais leur esprit restera le même. Si l'esprit humain était un organe physique, il ne serait pas capable de supporter la lourdeur de l'être humain. Il est très important de savoir que l'esprit humain n'est pas situé dans la tête. Dans la tête d'un être humain, il y a des yeux, des oreilles, des cheveux, un nez, une bouche, etc. À l'intérieur de la tête se trouve le cerveau.

Dormir est bon pour tout le monde. Il aide le corps humain à se développer. Lorsqu'une personne ne dort pas, elle ne se sent pas bien. Beaucoup de gens, lorsqu'ils ne dorment pas assez, commencent à vomir, et d'autres commettent de nombreuses erreurs parce qu'ils sont fatigués. Ces erreurs affectent le corps comme je l'ai mentionné précédemment. Ce qui affecte le corps humain peut également affecter l'esprit humain. Il vaut mieux toujours avoir un bon esprit conscient car cela vous permet de rester concentré sur les bonnes choses de votre vie, vous rappelant de partager avec les autres le message que les anges vous donnent pendant la nuit et le jour lorsque vous dormez. Dormir amène les gens à développer une bonne spiritualité. Certaines personnes ne sont pas vraiment spirituelles. Certaines personnes dorment et rêvent normalement; ils ne songent pas à rêver quelque chose qui leur fera prendre conscience de Dieu. Ils se réveillent normalement sans se souvenir de quoi que ce soit de nouveau ou d'étrange qu'ils ont vu pendant leur sommeil. Il y a toujours un problème quand les gens ne se souviennent de rien quand ils dorment. Il n'est pas normal d'oublier ce qu'on a rêvé en dormant. On peut l'oublier plus tard dans la journée parce que l'esprit travaille avec de nombreux problèmes. Il arrive parfois pendant la nuit que quelque chose amène l'esprit à se souvenir d'un rêve qu'il a fait auparavant. L'esprit ne peut se souvenir que du dernier problème important qu'il a traité dans la nuit, lorsque l'esprit commence à chercher des informations. C'est pourquoi beaucoup de gens, lorsqu'ils dorment, font à nouveau le même rêve; leurs souvenirs jouent le disque précédent. Mais dans l'esprit, c'est Dieu qui dit aux gens les choses très importantes qu'ils doivent savoir car ces choses se rapportent à leur vie. Une personne qui craint Dieu et qui l'adore seul ne peut recevoir des conseils compétents que de Dieu en le consultant.

Si vous êtes dans un sommeil profond, vous ne pouvez pas rêver parce que vous êtes inconscient, ce qui signifie que votre esprit ne peut se souvenir de rien. Dormir me rappelle de bons souvenirs. Lorsque le cerveau est détendu, il envoie un signal à l'esprit. L'esprit d'un être humain ne meurt pas. Il ne grossit pas non plus car ce n'est pas un organe physique. Certains disent que l'esprit grandit. En termes de langage humain, les humains parlent différemment des anges. Certains principes angéliques ne peuvent pas être compris par l'être humain. Les anges parlent un langage surnaturel. Ils peuvent se comprendre et comprendre Dieu. « À un autre l'œuvre des miracles, à un autre la prophétie, à un autre le discernement des esprits, à un autre différentes sortes de langues, à un autre l'interprétation des langues » (1 Corinthiens 12 :10). Il arrive aussi plusieurs fois dans les églises chrétiennes que les gens parlent aux anges sans connaître les paroles qu'ils leur disent. C'est une preuve qui montre que les êtres humains ne peuvent comprendre que le langage humain. Pour qu'un ange amène un humain à écouter et à comprendre sa langue, l'ange doit parler une langue humaine directement à la personne sans avoir d'interprète. Dans Luc 1:28-38, Marie a eu une longue conversation consciente avec un ange sans dormir ni s'endormir. Son esprit était stable pendant qu'elle était en conversation avec l'ange. Cet état d'esprit est très utile car lorsque votre esprit est fort mais pas agressif, vous pouvez résister à toute pensée inconsciente liée à la dépression et à la peur, ainsi qu'à toutes sortes de choses décourageantes.

Beaucoup de gens vivent dans un état d'inconscience. Ils ne savent pas vraiment ce qu'ils font dans leur vie et ils ne peuvent pas prendre de bonnes décisions pour eux-mêmes. Cette condition est liée au type d'esprit inutile qui conduit de nombreuses personnes à faire des erreurs. Leurs esprits se cachent derrière autre chose; eux seuls peuvent savoir ce qui les pousse à agir comme ils le font. La conscience humaine a été faite pour faire ce qui est juste dans le monde et ne pas abuser des corps que Dieu a créés à son image.

CHAPITRE 6

ÉVEILLÉ

Parfois, être éveillé signifie qu'une personne grandit dans l'expérience de son enfance comme il a été dit: « La bouche est la principale source de plaisir, pour la survie: le bébé tète instinctivement. Grâce à la satisfaction orale, le bébé développe la confiance et une personnalité optimiste » (Benson 1998, 53). L'inconscience est parfois un état d'être pour un petit enfant, mais dans ce chapitre, je vais vous présenter l'état d'éveil ou d'éveil, où une personne ne dort plus mais est éveillée en présence d'un ange. Les anges ne dorment pas comme nous l'avons appris dans les chapitres précédents. Si les anges devaient dormir, cela voudrait dire aussi que Dieu dort, ce qui n'est pas le cas. Comme nous le savons tous, l'esprit n'est pas la même chose que le corps. Le corps se fatigue et dort, surtout après avoir trop mangé ou bu de l'alcool. Les anges ne restent pas 24h/24 et 7j/7 avec un humain qui ne croit pas en Dieu. Les anges de Dieu ne restent pas très longtemps avec les gens lorsqu'ils sont dans un corps physique, car ils doivent retourner rapidement dans le corps spirituel. Lorsqu'une personne est éveillée, cela signifie qu'il est maintenant temps pour cette personne de grandir. Le temps d'être un bébé ou un enfant est déjà révolu. « Quand j'étais enfant, je parlais enfant, je comprenais enfant, je pensais enfant; mais quand je suis devenu un homme, j'ai mis de côté les choses enfantines » (1 Corinthiens 13 :11). Être éveillé renforce l'esprit humain, déstabilisant tout stade de faiblesse pour provoquer un niveau élevé de conscience et apporter quelque chose de nouveau à l'esprit que certaines personnes pourraient considérer comme très différent. Une nouvelle chose est arrivée. Un ange apporte toujours de bonnes nouvelles sur la vie d'une personne. La nouveauté peut également survenir au milieu de situations difficiles qui doivent être surmontées où il y a de la douleur, de la souffrance et de la faiblesse, appelant l'esprit humain à agir d'une manière différente. Comme nous avons appris l'existence d'un message d'un ange, cela apporte toujours quelque chose de nouveau dans la vie d'une personne, exigeant que le comportement de la personne change.

Ces signes sont très importants à prendre en considération lorsqu'un être humain s'éveille, lorsqu'il y a quelque chose de nouveau et qu'une nouvelle vie commence plutôt que l'ancienne vie qui redémarre. Beaucoup de gens dénigrent la religion en pointant du doigt les mauvais problèmes pour se rendre heureux. Ce mode d'être éveillé n'est pas le même que lorsque l'on rêve mais est aussi éveillé.

Être éveillé est une chose importante dans la vie des gens. Chaque fois qu'une personne se réveille après avoir dormi, elle doit également être réveillée de son cauchemar. Vivre la même chose encore et encore n'apporte rien de nouveau à une vie humaine. Tout le monde a besoin de quelque chose de nouveau dans sa vie pour lui apprendre à gérer de nouvelles choses. Les nouveautés motivent l'esprit humain à développer et à modifier son comportement. Cela impressionne également les autres de voir une personne motivée.

Beaucoup de gens, après avoir vu un ange face à face, subissent un changement permanent dans leur vie parce que les nouvelles choses apportées par l'ange commencent à améliorer leur vie. Si leur comportement n'est pas satisfaisant pour les autres après avoir vu un ange, cela signifie que ces autres personnes sont très ignorantes de Dieu. Il faut parfois plus de temps aux gens pour changer leur comportement après avoir vu un ange. Lorsque ceux qui voient un ange changent de comportement, le comportement de nombreuses autres personnes sera affecté car ils deviendront également impatients de voir un ange. Si une communauté a connu quelque chose de mauvais dans le passé, alors l'éveil fera des choses incroyables au sein de la communauté et affectera la vie des gens. L'éveil apporte de l'air frais à la population, donnant aux gens la possibilité de faire ce qu'ils veulent faire, mais de manière respectueuse. Même s'il y a une idée contradictoire contre eux, ils resteront en état d'éveil. Personne ne peut empêcher une personne éveillée d'avancer ou d'aller aux endroits où elle doit aller.

Comme je l'ai déjà dit, un ange de Dieu ne vient pas de lui-même. La présence de Dieu accompagne toujours un ange. Là où il y a la présence de Dieu, Dieu lui-même est en action avec l'ange. C'est pourquoi le rêve d'un ange sur une personne est très important. L'ange fait un bon point important à une personne pour le développement des nombreuses personnes qui considéreront le message avec un bon cœur. Faire l'expérience de l'éveil n'est pas un rêve, mais c'est l'un des rêves qui se réalisent. Parfois, quelque chose qui a été dit dans le passé se réalise dans le présent. Certaines personnes ignorent les messages qui leur sont donnés dans leurs rêves. C'est pourquoi ils ne comprennent même pas lorsqu'ils subissent un éveil.

Beaucoup de gens pensent qu'être conscient de quelque chose n'est pas bon en termes de tradition chrétienne ou de tradition d'une autre religion. Un éveil sociopolitique affecte de nombreuses personnes dans la communauté dans laquelle l'éveil se produit, empêchant certains de se développer spirituellement. Certaines personnes soutiennent un éveil, mais certaines personnes ne le soutiennent pas, pour de nombreuses raisons.

Un ange de Dieu n'apportera pas un message contraire à la Parole de Dieu (Galates 5:19-28). Il ne faut pas diffuser un message qui n'est pas en rapport avec la Parole de Dieu. Ceux qui répandent de mauvais messages détruisent le peuple de Dieu. Lorsque les gens se réveillent avec le mauvais message d'éveil, il y aura un désastre dans la communauté, et l'éveil les mènera du mauvais côté des choses. De plus, les personnes qui subissent le réveil se mobiliseront contre le message de Dieu sans se rendre compte qu'elles font quelque chose de mal à Dieu. Je connais quelqu'un qui prêchait en public et disait que Dieu est une femme africaine. Ce genre d'éveil abuse du nom de Dieu en présence des autres. C'est une mauvaise chose à faire parce que c'est une contradiction avec le message de l'ange aux gens. Imaginez la personne qui entend ce type de message. Quand un ange lui apporte le message de Dieu, la personne sera très confuse de l'entendre parce que le message ne dure pas assez longtemps pour que la personne connaisse la vérité de ce message. Un message apporté par un ange de Dieu n'échouera jamais, comme je l'ai déjà dit, parce que le message de Dieu donne la vie aux humains. Il n'est pas juste de soutenir quelque chose qui contredit l'idée de Dieu. Un réveil qui conduit les gens dans la mauvaise direction ne doit pas être considéré comme une perspective viable pour la société humaine. Vous ne croyez peut-être pas en Dieu, mais assurez-vous que votre éveil ne mène pas les gens dans la mauvaise direction. Pourtant, la plupart des gens ne réalisent même pas que leurs idées ne respectent pas les règles établies par l'esprit humain. Comme nous l'avons appris sur les règles, pour l'esprit humain, il n'y a que deux réponses possibles: vrai ou faux.

Un être humain est incapable de résister à quelque chose qui cause beaucoup de douleur, comme une punition qui dure pour le reste de la vie de la personne. Un excellent réveil n'apporte pas de châtiment à la société, quelle que soit son idée du châtiment. Dieu ne punit pas les gens à moins que les gens enfreignent ses règles. Il y a une règle qui n'est pas énoncée: « La punition, c'est lorsqu'il y a une diminution du comportement par tout ce qui est désagréable » (Benson, Grove et Appignanesi 1998, 83). Lorsqu'un être humain fait une erreur et fait quelque chose que Dieu ordonne aux gens de ne pas faire, la personne peut se rétablir en acceptant la punition qui est basée sur cette règle. Cela ne signifie pas que lorsque vous péchez, Dieu doit vous punir. Au lieu que Dieu punisse les gens, il nous a envoyé son Fils pour qu'il soit puni à notre place tant que nous lui demandons pardon et veillons à ce que nous ne commettions plus les mêmes erreurs. Je ne dis pas que tant qu'une personne vivra, elle ne fera plus jamais la même erreur - il y a toujours la possibilité de faire la même erreur - mais j'espère que ce ne sera que par accident qu'elle fera la même erreur. La punition pour la même erreur ne changera pas à chaque fois que la personne pèche de cette façon. La punition de Dieu est meilleure que la punition d'un être humain parce que Dieu est capable de supprimer la punition humaine, alors qu'un être humain ne peut jamais supprimer la punition de Dieu. « Et ne craignez pas ceux qui tuent le corps mais ne peuvent pas tuer l'âme. Mais craignez plutôt celui qui est capable de détruire à la fois l'âme et le corps en enfer » (Matthieu 10 :28).

J'ai observé que certaines personnes ont peur d'une personne qui dit la vérité. Ces personnes acceptent d'être corrompues par l'argent ou autre chose qui les fait se sentir mieux. Vendre son âme est l'une des corruptions qu'un être humain peut envisager de faire. Beaucoup de gens vendent leur âme parce qu'ils ont enduré beaucoup de souffrances dans leur vie en rejetant les commandements de Dieu. Ce type d'éveil, répandu au XIXe siècle, n'est pas bon car vendre son âme est quelque chose que Dieu ne permettra pas. C'est une prise de conscience qui fait que beaucoup de gens n'en parlent pas, de peur de se désintéresser.

La plupart des gens ne font attention que lorsqu'ils veulent que quelque chose de bien se produise. Il vaudrait mieux qu'une personne pense aussi à réduire la peine. Comme il a été dit, « le renforcement négatif se produit lorsqu'il y a une augmentation du comportement en évitant quelque chose de désagréable, par exemple, le rat appuie sur le levier pour éviter un léger choc électrique »

(Benson, Grove et Appignanesi 1998, 83). Les gens devraient prêter attention aux réveils qui se produisent au sein de leurs communautés. Il est également préférable pour eux d'avoir la capacité de voir Dieu à l'intérieur de leur moment d'éveil. De plus, pour s'assurer que le message qu'ils ont entendu a été donné par un ange, ils doivent tenir compte du fait que le message d'un ange est toujours très fort dans l'esprit humain. Le message d'éveil d'un ange renforce les gens à la fois spirituellement et physiquement. Vous ne pouvez pas recevoir le message d'un ange sans être renforcé par la présence de Dieu parce que la présence de Dieu est également située dans le message de l'ange. C'est pourquoi beaucoup de gens ressentent la présence de Dieu lorsqu'ils entendent quelqu'un d'autre leur parler d'un message qu'ils ont reçu d'un ange. Même s'ils n'ont pas vu l'ange, ils ont quand même ressenti la présence de Dieu. Dieu écoute plus les êtres humains que les anges. Dieu utilise les anges uniquement pour réveiller les êtres humains en leur demandant d'écouter le message de Dieu, puis de mettre ce message en pratique. Vous ne devez jamais refuser quelque chose qui a le pouvoir d'éveiller les gens. Un réveil vous fera sentir comme une personne différente. C'est l'une des raisons pour lesquelles les êtres humains choisissent d'être éveillés, pour changer d'avis. Regardons la perspective chrétienne: « Je peux tout par Christ qui me fortifie » (Philippiens 4 :13). Cette force ne vient pas d'un être humain mais de Dieu—et seulement par l'amour de son Fils engendré. La force d'un humain n'est pas éternelle parce qu'un être humain est fini. La philosophie peut cesser après la mort d'une personne, mais un réveil de Dieu continue pour toujours parce qu'un tel réveil continue d'exister au paradis. Beaucoup de gens qui ont perdu espoir n'aiment pas entendre le nom de Dieu. Ils diront certainement le mot religion, oubliant que Dieu travaille avec les croyants et les non-croyants selon sa grâce et sa faveur.

Un réveil de Dieu n'est pas ce qu'un humain pense qu'il est. Il y a beaucoup de gens qui ont fait de l'éveil leur affaire privée et qui ont mis en place des principes personnels. L'éveil de Dieu est très puissant car il fortifie les personnes qui reçoivent son message d'éveil avec des cœurs humbles. Dieu résiste aux gens fiers. Il étend son émotion à chaque être humain. Il ne sélectionne pas les gens pour partager son émotion ; il choisit ceux qu'il veut en fonction des disponibilités des individus. La plupart des gens deviennent très occupés en poursuivant le type d'éveil qui n'est pas utile à la société. Beaucoup de gens croient qu'un ange doit avoir un joli visage ou être magnifique avec des ailes à plumes. Cette description d'un ange n'est pas une mauvaise chose. Il est important de penser aux types de messages qu'un ange est envoyé pour livrer à une personne ou à des personnes. Si l'ange ne vient pas de Dieu mais qu'il a une belle apparence, son message ne sera pas accepté. Comme nous le savons tous, tout ce qui brille n'est pas de l'or. Tous les messages d'éveil ne sont pas un message d'un ange ou un message direct de Dieu. Le réveil de Dieu n'est pas un message d'un ange mais quelque chose qui vient de Dieu à travers l'ange. Le réveil de Dieu peut se produire dans de nombreuses circonstances différentes. Les gens devraient envisager un réveil qui vient de Dieu lui-même ou par l'intermédiaire du saint ange de Dieu. Il y a beaucoup de gens qui ignorent encore le signal d'éveil de Dieu qui concerne chaque personne et chaque créature qui respire. Les gens doivent savoir que Dieu avertit les gens et les fait se réveiller de leurs rêves. Seul Dieu qui connaît le bon moment pour envoyer un ange délivrer un message d'éveil à la nation, soit en utilisant une seule personne pour s'occuper de nombreuses personnes, soit en s'adressant directement à de nombreuses personnes. Un ange donne aux gens un bon message.

Ce type de message sert à enrichir ceux qui ont le cœur humble et qui prendront soin du message de Dieu dans le but de provoquer un bon réveil. L'éveil fonctionne pour ceux qui sont déjà éveillés.

Marcher avec Dieu est une chose incroyable dans la vie d'une personne, mais cela exige que la personne ait une bonne foi avec Dieu. Cela ne signifie pas que Dieu marche avec chaque personne religieuse. Être une personne religieuse ne signifie pas que vous devez vivre selon votre religion. Cela ne vous fera pas respecter Dieu mais vous fera respecter votre religion. Il vaut mieux marcher avec un ange pour aller dans la bonne direction vers l'éveil. Je crois que lorsque Jésus-Christ marchait dans le désert avec ses disciples, les disciples étaient derrière lui. Jésus-Christ portait des sandales. Quand il marchait, la poussière était soulevée par ses sandales et salit les vêtements de ses disciples, mais ils n'ont pas cessé de le suivre. Cela signifie que nous aussi, nous devons marcher avec Dieu lorsque nous sommes éveillés. Une personne doit s'attendre à rencontrer de nombreux défis dans la vie. Il y en a qui pourraient ne pas aimer le message d'éveil que leur dit un proche. Ce genre de défi aide les gens à comprendre à quel point Dieu est parfait et excellent, et qu'il est capable de brouiller les visions de ceux qui marchent dans le mauvais message d'éveil. Certaines personnes s'automutilent lorsqu'elles souffrent de dépression, se sentent stressées ou sont confuses parce qu'elles ont marché avec un mauvais message d'éveil. Certaines personnes ont de mauvaises expériences après avoir entendu un mauvais message de quelqu'un, et ces mauvais messages les découragent toute leur vie. Certaines personnes veulent trouver quelque chose de bien qui a la capacité de les faire se sentir mieux et de les amener à corriger les erreurs qu'elles ont commises dans le passé. Il vaudrait mieux que le message de l'éveil aide la génération montante, pas seulement dans un domaine mais dans de nombreux domaines de la vie humaine. Le message d'éveil d'un ange ne reste pas simplement au même endroit, mais c'est un message qui va dans tous les endroits et voyage de génération en génération. Dieu donne la vision et donne également à une personne un moyen de protéger cette vision afin que l'individu puisse la réaliser.

Lorsqu'une personne est éveillée, cela ne signifie pas qu'elle a les yeux ouverts ou qu'elle est assise. Il vaudrait mieux que cette personne marche. Tout le monde a besoin de marcher avec quelqu'un d'autre, quelqu'un qui peut leur tenir compagnie. Un être humain qui peut en motiver un autre lorsqu'ils cheminent ensemble. C'est pourquoi il vaut mieux être accompagné d'un ange de Dieu. Le livre de la Genèse nous dit que Dieu a créé les êtres humains à son image. Une idée pour cela est que Dieu ne voulait pas être seul. Il a décidé de créer des êtres humains pour pouvoir communiquer avec eux. Après avoir créé un homme, Dieu ne voulait pas que l'homme soit seul, alors il a décidé de créer quelqu'un d'autre pour lui tenir compagnie. Puis il créa la femme. Dieu n'a rompu sa relation avec les êtres humains que lorsqu'ils ont enfreint son commandement. Un éveil est quelque chose qui ne peut pas exister dans la méfiance. Quand deux personnes ne se font pas confiance, elles ne peuvent jamais marcher de la même manière. Beaucoup de gens ont perdu leurs visions parce qu'ils ont cessé de marcher avec l'ange de Dieu sur leur chemin. Ces types de visions cesseront d'arriver aux gens. Un ange de Dieu apporte non seulement une vision religieuse mais aussi de nombreux autres types de vision qui peuvent aider les gens de plusieurs manières dans leur vie. Dieu ne limite pas sa vision au seul concept religieux, mais il accompagne les gens dans de nombreux domaines différents de leur vie. Dieu est partout en dehors de l'enfer, tout comme Satan est partout en dehors du ciel.

Beaucoup de gens consultent les mauvais esprits, les fantômes, les démons et marchent avec eux. Ils communiquent avec des fantômes, des démons et toutes sortes de mauvais esprits. Ils estiment qu'il est préférable de communiquer avec ce type d'entités. Les gens qui marchent avec de mauvais esprits font beaucoup de sacrifices pour maintenir ces relations. Je connais beaucoup de gens qui ne pouvaient pas dormir parce qu'ils servaient ces types d'esprits et recevaient un message d'eux. Après avoir passé leur vie avec les mauvais esprits, ils ont décidé de venir à Dieu de tout leur cœur, après quoi ils ont vu les choses différemment, ce qui les a aidés spirituellement et consciemment et les a également aidés à se développer dans leur communauté, non seulement religieusement mais dans tous domaines de leur vie.

Seul un ange de Dieu est capable de marcher avec les gens. Lorsqu'une personne marche avec un ange de Dieu, son éveil sera parfait partout où elle ira dans le monde. Certaines personnes ont la grâce de voir des anges de Dieu. Ils ressentent aussi la présence de Dieu. Cette expérience les fait se sentir bien, les amène à faire confiance à Dieu et à se sentir plus en sécurité. De nombreux étudiants qui étudient différentes matières, pas seulement la religion, lorsqu'ils passent leurs examens, consultent des anges pour obtenir les bonnes réponses. Les anges de Dieu marchent avec ceux qui veulent marcher avec eux en respectant les commandements de Dieu. Vous ne pouvez pas marcher avec un fantôme et un ange de Dieu en même temps, parce que la lumière et les ténèbres ne peuvent pas marcher ensemble; l'un d'eux doit être absent pour que l'autre règne. Sinon, il y aura beaucoup de confusion entre eux. Lorsqu'ils donnent tous les deux un message à une personne ou à des personnes, les deux messages opposés déroutent ceux qui les reçoivent. Les êtres humains devraient croire le message de Dieu d'un ange qui passe ses jours et ses nuits à leurs côtés. Un ange fait beaucoup de travail lorsqu'il marche avec quelqu'un. Lorsque des attaques spirituelles se produisent, la personne ne peut pas voir ces attaques parce que l'humanité est basée dans le monde matériel, qui est le monde physique. Il est très important de comprendre que chaque être humain devrait avoir accès à marcher avec un ange de Dieu. Il y a toujours quelque chose d'important qui empêche les êtres humains d'entrer en la présence de Dieu. « Voici, la main du Seigneur n'est pas abrégée pour ne pas pouvoir sauver ; Ni Son oreille lourde, Qu'elle ne peut pas entendre. Mais vos iniquités vous ont séparé de votre

Dieu; Et vos péchés vous ont caché sa face, afin qu'il n'entende pas. Car tes mains sont souillées de sang, et tes doigts d'iniquité; Tes lèvres ont dit des mensonges, ta langue a marmonné la perversité » (Ésaïe 59 :1-3). Le péché empêche un ange de Dieu de marcher avec une personne (Galates 5:19). Les humains ont encore la possibilité de marcher avec les anges. Nous lisons dans Jean 3:16 que Dieu donne son amour à l'humanité par son Fils engendré Jésus-Christ. Même si l'humanité a échoué, Dieu donne toujours aux gens la possibilité de se racheter. L'humanité a encore une chance de retourner à Dieu par le Seigneur Jésus-Christ. Marcher avec un ange de Dieu est une bonne étape d'éveil qui peut aider une personne à se développer spirituellement.

Il y a de la liberté, à la fois spirituelle et physique, dans la vie. Un ange de Dieu travaille non seulement spirituellement mais aussi physiquement avec un être humain pour accomplir une mission dans le monde physique. Dieu ne laisse pas son peuple, surtout ceux qui le craignent, mourir en vain. Dieu protège toujours ceux qui le craignent. C'est toujours excitant pour une personne qui craint Dieu de voir le domaine spirituel, mais Dieu ne permet pas à la personne de le voir tout le temps parce que le monde de l'humanité est matérialiste. Dieu préfère le spirituel au physique. Comme nous l'avons appris auparavant, lorsque quelque chose se produit physiquement, cela se produit d'abord spirituellement. Si vous ne pouvez pas vous battre spirituellement, vous ne pouvez pas vous battre physiquement, vous devriez donc apprendre à vous battre spirituellement avant de commencer à vous battre physiquement. Un ange de Dieu est très fort, à la fois spirituellement et physiquement. Un ange de Dieu peut voir les choses qui sont sur le point de se produire dans le monde physique et a le pouvoir de Dieu d'empêcher ces choses de se produire. Dieu donne cette opportunité à quiconque le cherche avec un cœur humble. Comme il a été dit: « Appelez-moi, et je vous répondrai, et je vous montrerai des choses grandes et puissantes que vous ne connaissez pas » (Jérémie 33 :3). Les gens devraient savoir que tout ce qui se passe dans leurs rêves se produit toujours dans le monde physique, car le rêve est basé sur le monde spirituel. C'est aussi un signal d'alarme, amenant les gens à se réveiller de beaucoup de choses. Beaucoup de gens ont du mal à sentir quelque chose qui est sur le point de leur arriver. Nous avons déjà appris sur les rêves. Les rêves identifient les problèmes spirituels qui sont sur le point de se manifester physiquement. L'être humain a la responsabilité de faire tout son possible pour communiquer avec son ange, et cet effort doit être basé sur la spiritualité. Pour voir un ange, une personne doit être transportée spirituellement dans un monde différent sans se déplacer physiquement dans un endroit différent. Pour voir des choses qui se passent dans le monde surnaturel, la personne doit se concentrer spirituellement car les autres personnes autour d'elle ne pourront pas voir ce qu'elle voit. C'est un ange qui marche avec un être humain dans le monde surnaturel. Les personnes autour de la personne à qui l'ange est apparu ne seront pas transportées spirituellement. Ces gens ne pourront rien voir. Il n'y a qu'une seule personne qui pourra voir ce qui se passe dans le monde surnaturel. Cela fait partie de la marche avec un ange, mais en mode spirituel, car l'humain ne peut pas le faire par ses propres moyens. Vous ne pouvez pas conduire avec un ange dans la même voiture que si vous conduisiez avec un autre être humain dans la voiture. Cela doit être fait de manière spirituelle.

Parler à un ange est une chose excellente et une chose importante. Lorsque l'un de vous parle et que l'autre écoute, la conversation se déroule sans heurts. Beaucoup de gens espèrent avoir l'opportunité de communiquer avec un ange. Ils souhaitent toujours que quelque chose comme ça leur arrive, mais cela arrive toujours aux gens que Dieu favorise. Les gens ne s'en rendent pas compte parce qu'ils sont très distraits par d'autres choses qui sont basées sur le matérialisme humain. Lorsqu'il y a une communication surnaturelle entre un humain et un ange, elle est toujours silencieuse dans le domaine physique mais pas dans le domaine surnaturel. Une conversation peut avoir lieu n'importe où dans le monde avec un ange de Dieu. A ce stade, l'ange apparaît parfois dans un corps humain, mais cela ne signifie pas qu'un être humain devient un ange au moment de la communication. La communication est très importante, amenant une personne à devenir remplie de la connaissance de Dieu et à acquérir une compréhension de la sagesse de Dieu. Les gens qui voient un ange de Dieu dans un corps surnaturel pensent toujours qu'ils voient une autre créature créée par Dieu. Les anges n'apparaissent aux êtres humains que lorsque Dieu a un message sérieux à délivrer à certaines personnes, en particulier un message d'éveil qui amènera les gens à comprendre ce que Dieu est sur le point de faire. Toutes ces étapes, ont découvert les scientifiques, sont très compliquées. Ils sont souvent abandonnés à la méthode religieuse.

« La science repose sur l'observation et vise à découvrir les lois régissant le fonctionnement des mondes naturel et social » (Aldridge 2000, 57). De nombreux athées critiquent la religion lorsqu'ils ne comprennent rien au monde surnaturel. Beaucoup de gens trouvent très déroutant de découvrir que certaines personnes parlent régulièrement aux anges. Ce qui les fait ne pas croire, c'est le fait qu'ils n'ont pas encore eu l'occasion de communiquer avec les anges, mais le jour viendra où Dieu leur donnera l'opportunité de communiquer avec un ange. Ces mêmes personnes changeront de langue et rencontreront des personnes qui ne sont pas d'accord avec elles. De nombreux scientifiques deviennent chrétiens après avoir vu des anges et leur avoir parlé. Certains scientifiques sont morts pendant quelques heures puis sont revenus à la vie avec un message de Dieu. Eux aussi ont d'abord résisté à croire en Dieu.

Lorsqu'on traverse un éveil, la communication avec un ange est très utile. L'ange est celui qui vient avec le message de Dieu pour le transmettre à la personne. Il est très important de considérer les anges à tout moment. Beaucoup de gens ont perdu leurs visions, se réveillant et provoquant ainsi le départ de l'ange de Dieu qui leur a apporté le message de Dieu. Ces personnes ne respectent pas la directive selon laquelle elles doivent mettre ce message en pratique. Certaines personnes oublient le message, tandis que d'autres ignorent le message que l'ange a apporté de Dieu. Il y a beaucoup de gens qui utilisent la religion comme une affaire privée. De nombreux prophètes ont transmis un message d'un ange, mais après avoir cessé de communiquer avec les anges, ils commencent à utiliser ces messages comme leur affaire privée pour gagner de l'argent. Cependant, les êtres humains sont suffisamment intelligents pour découvrir d'excellentes choses. Mais les gens transforment souvent la vérité en illusion et rejettent les commandements de Dieu. La plupart des athées se méprennent sur Dieu et généralisent les messages des faux prophètes en disant que la religion est une illusion. Eux aussi ils considèrent Dieu comme un Dieu d'illusion. Cette idée est très critique et provient de faux prophètes. Cela ne veut pas dire qu'à cause de tels messages, Dieu devient une illusion, tout comme la religion. Comme je l'ai mentionné précédemment en parlant des scientifiques qui croient en Dieu, certains d'entre eux explorent pour trouver le vrai Dieu. « Très peu de spécialistes des sciences sociales contemporains partagent le souci de Durkheim d'assurer que la religion ait un avenir » (Aldridge 2000, 65). La manière dont beaucoup de gens contredisent la religion est basée sur leurs problèmes personnels, qu'ils projettent ensuite sur les expériences des scientifiques pour étayer leurs idées. Ce n'est pas un exemple de tolérance au débat parce que l'information est fausse. Quand un groupe de personnes a une idée qui peut les aider à développer leurs idées, ce n'est pas une mauvaise chose. C'est mieux quand les gens se réunissent pour faire quelque chose de bien. Parmi ces personnes se trouvent également de bonnes personnes qui ont la capacité de mieux réfléchir pour remettre en question les idées des autres membres du groupe. Les athées croient que les gens cherchent à se contenter de l'idée de religion. Ce sont toujours les athées qui font rejeter l'idée de religion. Ils apportent également des idées opposées pour décourager ceux qui font déjà partie de cette tradition religieuse. Lorsqu'un groupe de personnes croit suffisamment en leurs émotions pour les réunir avec une bonne communication, la société devrait les soutenir.

Grâce à l'éveil, Dieu peut faire se produire quelque chose de très important dans la société humaine. Depuis le commencement du monde, Dieu a voulu communiquer avec les humains qu'il a créés à son image, mais pas avec les animaux ou les arbres. Je crois que Dieu ne communiquera pas avec des images, qui ne parlent pas et ne bougent pas. Si Dieu refuse de communiquer avec une image, alors les êtres humains ne devraient pas faire d'images de leur Dieu, car Dieu n'existe pas dans l'image car Dieu est esprit. C'est pourquoi il est un Dieu qui n'oublie pas son peuple. L'éveil nécessite une excellente communication; l'éveil sera plus fort lorsqu'un ange accompagne la personne en éveil, qui respecte le processus.

J'ai vu de nombreuses entreprises échouer faute de communication avec des clients potentiels. En fin de compte, les clients trouvent les produits dont ils ont besoin dans une autre entreprise. Plus les gens passent de temps à communiquer avec Dieu, plus Dieu enverra ses anges pour donner aux gens de bons messages. L'Apocalypse est toujours basée sur des personnes qui respectent et aiment Dieu. En général, un ange de Dieu doit être avec une personne que Dieu a créée. Beaucoup de gens ne savent pas comment communiquer avec Dieu, mais certains le savent, bien qu'ils ne se portent pas volontaires pour le faire. Un ange communique avec une personne qui n'ignore pas les commandements de Dieu. Il arrive aussi que Dieu envoie un de ses anges à quelqu'un qui ne le respecte pas. Dieu veut que cette personne surmonte son ignorance de Dieu et considère Dieu dans sa vie. Comme je l'ai déjà dit, de nombreuses personnes communiquent avec des fantômes, qui représentent des personnes qu'elles connaissent mais qui sont décédées. Les fantômes parlent aux vivants dans le but de les faire suivre. Les fantômes conduisent toujours les gens dans la mauvaise direction parce qu'ils ne sont pas des anges. Vous souvenez-vous de l'histoire que j'ai racontée de l'ex-spiritualiste Laura Maxwell? Elle s'est rendu compte que sa pensée était fausse après que des fantômes l'aient rendue folle. Un ange de Dieu ne rend pas les gens fous, car son message est toujours parfait pour la personne et pour la nation entière. Si les fantômes que Laura Maxwell a vus étaient vraiment ses parents décédés, ils ne lui auraient pas fait de mal. Peut-être seraient-ils venus avec de bonnes nouvelles. Ils n'auraient certainement pas essayé de la tuer. En termes de christianisme, ces fantômes n'étaient pas ses parents décédés. Il s'agissait sûrement de démons se faisant passer pour ses parents décédés. Beaucoup de gens deviennent confus lorsqu'ils traitent avec des fantômes. Leur confusion les amène à rejeter les commandements de Dieu, à rejeter la religion et à interpréter la religion d'une certaine manière. Beaucoup de gens qui suivent les fantômes détestent Dieu et la religion. J'ai rencontré un groupe de personnes qui ne croyaient pas aux commandements de Dieu. Au lieu de cela, ils suivent les commandements des fantômes, disant qu'ils préféraient écouter leurs ancêtres décédés. Je leur ai dit qu'il valait mieux communiquer avec Dieu plutôt qu'avec des morts. Quand je leur ai parlé de Dieu et de ses anges, ils étaient définitivement en désaccord avec moi, surtout quand je leur ai mentionné le nom de Jésus-Christ, ce qui les a beaucoup bouleversés. Ils avaient leurs propres sites Web, livres, vidéos et documentaires qui parlaient de leurs croyances. Je suis parfois surpris de voir que les chrétiens ne contredisent pas ces idées. J'ai découvert que les chrétiens restent irréprochables même lorsque des personnes ayant des systèmes de croyance différents nient Jésus-Christ. Certains chrétiens ne ripostent pas, n'entrent même pas dans un débat avec les non-croyants. Les chrétiens sont très calmes et calmes. De nombreux pays ne permettent pas à l'idéologie chrétienne d'influencer leur politique, mais ces pays doivent comprendre que personne ne peut détourner le message d'un ange. « La démocratie représentative moderne est un produit de la culture chrétienne » (Aldridge 2000, 130). Rejeter l'idéologie chrétienne, c'est manipuler le message d'un ange, une mauvaise stratégie. Il n'y aura pas de voix d'ange parce que les gens choisissent leur propre voie sans consulter Dieu. Ils ne comprendront jamais le message de Dieu d'un ange parce qu'ils veulent entendre des messages sur leurs idées politiques plutôt que d'entendre le message de Dieu d'un ange. En cherchant à entendre ce genre de messages, ils espèrent ne penser qu'à leurs propres principes, car ils n'accepteront aucun message qui diffère de ce qu'ils ont déjà choisi. S'il n'y a pas de message de Dieu dans l'éveil d'une personne, alors cet éveil a déjà échoué. Lorsque la politique échoue ou que les partis politiques échouent, les chrétiens commencent à blâmer Dieu, en particulier Jésus. Ensuite, ils commencent à être en désaccord avec Dieu sans reconnaître Dieu, pour quelque chose qui n'est même pas la faute de Dieu. Beaucoup de gens utilisent le nom de Dieu pour leurs propres affaires. Comme je l'ai mentionné précédemment, ils utilisent un dieu raté mais pas le vrai Dieu (Romains 1:20-32). Communiquer avec Dieu ne signifie pas que vous devez dire à Dieu quoi faire ou dire aux anges quoi faire simplement parce qu'ils vous ont permis d'avoir une conversation avec eux. Les anges ne vous permettent de parler avec eux qu'en termes de votre relation avec Dieu.

Comme je l'ai déjà mentionné, parler à Dieu signifie prier Dieu pour sa grâce et sa miséricorde. Dieu a parfois de bonnes conversations avec les gens. Les êtres humains ont toujours des choix différents à faire parce que les êtres humains sont très matérialistes, alors que Dieu et les anges ne sont pas matérialistes. Beaucoup de gens pensent que parler à Dieu, c'est lui demander quelque chose. Beaucoup de gens pensent que Dieu doit faire ce qu'une personne demande le plus tôt possible parce que Jésus-Christ a dit que nous devrions respecter ses commandements (Jean 14-15). Ces gens oublient que garder les commandements de Dieu implique plus que de lui demander quoi faire. Un réveil est une chose très difficile dans la vie d'une personne. Chaque fois que nous nous réveillons, nous sommes confrontés à un défi. Après avoir terminé votre programme, vous aurez une nouvelle tâche à accomplir. Parfois, une mauvaise ou une bonne nouvelle arrivera dans votre vie et cette nouvelle vous mettra au défi. De plus, vous pourriez avoir quelque chose de nouveau à penser pour le reste de votre vie. Vivre avec Dieu ne garantit pas que vous ne recevrez jamais de mauvaises nouvelles de votre vie. Je crois à l'histoire du travail dans la Bible qui nous dit beaucoup de choses, en particulier que ceux qui pensent à Dieu ont tendance à trouver que Dieu ne les laissera jamais tomber. Job avait vécu une vie sainte, n'ayant jamais tué personne ni commis de crime, mais il a tout perdu. Dieu a permis à Job d'être foudroyé afin de voir la conviction de sa foi.

Nous ne pouvons pas nous cacher derrière notre entreprise. Beaucoup de gens utilisent le christianisme pour protéger leurs idées démocratiques et leur parti politique. Nous savons tous qu'une fois que les gens ont voté pour leurs candidats, une fois qu'ils sont entrés en fonction, ils ne font jamais ce qu'ils ont dit qu'ils allaient faire quand ils étaient en campagne. Ils se présentent toujours comme des moutons, mais au final, ils ne tiennent pas leurs promesses envers la population.

Aucun être humain ne peut être Dieu. Si aujourd'hui quelqu'un commençait à dire à Dieu quoi faire, ce monde serait détruit. Je sais que c'est déjà une spiritualité détruite, mais ceux qui suivent Jésus-Christ vivent par la grâce de Dieu. Lorsqu'un ange de Dieu apparaît à une personne, l'ange ne parle pas en langues mais parle toujours dans la langue de la personne. Cela fait partie du processus de vérification. Dieu s'assure que l'individu entend l'ange correctement.

La capacité de parler en langues est un don spirituel. Le parler en langues est un moyen pour un chrétien de communiquer avec les anges de manière surnaturelle. Les êtres humains ne peuvent pas comprendre le langage des anges. Les chrétiens, lorsqu'ils se souviennent de leur premier parler en langues, se sentent toujours heureux et encouragés (1 Corinthiens 14 :22-25). L'apôtre Paul n'était pas seulement un homme ordinaire mais était aussi un philosophe en fonction de sa formation. Dans ce passage biblique, deux points principaux sont soulignés: Les incroyants entendent Dieu parler au milieu des croyants chrétiens, peut-être dans une église ou ailleurs où les gens se rassemblent et adorent Dieu. Les non-croyants se joignent à eux, peut-être par curiosité ou peut-être parce qu'ils ont été invités. Les incroyants se rendent compte que chaque croyant parle dans une langue qu'ils ne peuvent pas comprendre eux-mêmes, disant que ces personnes viennent d'une planète différente. Les croyants et les incroyants ont deux langues différentes ; quand les croyants parlent en langues, les incroyants s'éloignent d'eux à cause de la barrière de la langue. Il n'y aura ni communication ni amitié entre deux personnes qui ne parlent pas la même langue. Quand quelqu'un qui parle une langue différente invite quelqu'un d'autre, qui parle encore une autre langue différente, à se joindre à lui, il est peu probable que les deux se rencontrent réellement. Pour qu'ils se rencontrent, ils doivent se comprendre en parlant la même langue.

Certaines personnes qui étudient le parler en langues croient que ce que les gens parlent est une langue humaine. Bien sûr, certains types de parler en langues sonnent de la même manière que le langage humain, en particulier lorsque Dieu veut parler directement à une personne. Un jour, dans une église africaine, un pasteur blanc d'Europe était venu prêcher. Le pasteur a commencé à parler dans l'une des langues tribales. Certains membres de l'assemblée pensaient qu'il parlait en langues, mais un homme dans cette église écoutait très bien. Certaines personnes peuvent parler les langues d'autres personnes de différents pays. Comme je l'ai déjà mentionné dans un chapitre précédent, Dieu parle aussi en langage humain lorsqu'il veut s'adresser aux gens. Lorsque les anges parlent en langues, ils s'adressent à Dieu, pas aux humains. Lorsque les humains parlent en langues, ils peuvent parler à un ange ou à Dieu parce que le langage qu'ils utilisent est surnaturel. Lorsqu'une personne parle en langues, elle s'adresse non seulement directement à Dieu et aux anges, mais aussi aux humains. Aussi,

Satan et son équipage parlent en langues. C'est là que beaucoup de gens s'embrouillent à l'église ou dans leur groupe de prière. Il arrive parfois dans un groupe de prière à l'église que les gens parlent en langues, et on ne peut le discerner que lorsqu'on a le Saint-Esprit.

C'est pourquoi il est très important que l'église comprenne que le but de Satan d'être dans l'église est de détruire le peuple de Dieu. C'est très différent quand les gens commencent à prophétiser, révélant ce qui est caché dans l'esprit humain, parce que l'Esprit de Dieu leur révèle les mots à dire. J'ai vu des gens venir détruire la réunion du groupe de prière. Par la présence du Saint-Esprit, il a été révélé ce qu'ils étaient venus faire dans ce groupe de prière. Il y a beaucoup de gens dans l'église qui prétendent être de bons chrétiens, mais ils ne le sont pas. Ce genre de personnes déteste les prophéties qui viennent de Dieu. L'histoire du prophète Jérémie montre que de nombreux incroyants ont refusé d'entendre sa prophétie, mais à la fin, ils ont réalisé que Jérémie prophétisait la vérité et que tout ce qu'il avait prophétisé s'était accompli. Une prophétie est ce que Dieu dit à un humain dans sa propre langue. De plus, lorsqu'un ange parle dans une langue humaine, cela se traduit par une prophétie lorsque la personne transmet le message à d'autres personnes. De plus, lorsqu'un humain et un ange transmettent un message de Dieu aux gens, cela signifie que Dieu parle à son peuple. Les messages de l'ange doivent provoquer quelque chose de bien pour les gens car cela fait également partie du message d'éveil, ce qui peut apporter des défis dans la vie des gens. Cela ne signifie pas qu'une personne telle qu'un leader doit toujours apporter un message d'éveil aux gens. Tout dépend du plan de Dieu car personne ne sait ce que Dieu pense. Dieu donne un message direct à une personne à travers la prophétie, un langage que l'humain ne peut ignorer. Dieu utilise la prophétie pour nous avertir de quelque chose que nous avons fait ou de quelque chose qui est sur le point de se produire. Dieu utilise ses anges pour éveiller les êtres humains à tout ce qu'ils font quotidiennement. Personne ne peut fuir la présence de Dieu. La prophétie nous révèle les choses que Dieu veut que nous fassions. Cela signifie aussi simplement que Dieu prend soin de nous et ne nous a pas laissés comme des orphelins. C'est pourquoi Dieu utilise de nombreux outils pour réchauffer nos âmes. Dieu sait qu'après la mort du corps, l'âme humaine doit lui être rendue dans une excellente perfection et sans péché. Il déteste le péché mais aime les pécheurs.

Le parler en langues est l'un des moyens de communication que Dieu utilise pour interagir avec les êtres humains. De nombreux croyants trouvent cela très utile lorsqu'ils parlent en langues, estimant qu'ils sont incapables de l'empêcher de se produire pour le reste de leur vie. C'est l'Esprit de Dieu qui a pleinement accès à l'esprit d'un être humain. L'Esprit de Dieu commence à communiquer et à commander l'esprit de l'être humain. Cela fonctionne bien lorsqu'une personne libère son esprit afin que l'Esprit de Dieu puisse fonctionner en elle. D'autre part, les spiritualistes utilisent ce type de méthode pour découvrir comment les démons communiquent avec les êtres humains. Je pense que l'histoire de Laura Maxwell nous dit beaucoup de choses sur les démons. Ils prennent ce que Dieu fait et l'interprètent ensuite à leur manière, mauvaise pour manipuler la vie d'une personne. Je crois que les extraterrestres célèbrent Halloween. Chaque être humain voit les choses de différentes manières. Certaines personnes croient que parler par l'intermédiaire du Saint-Esprit de Dieu est une bonne chose à faire parce que lorsqu'elles le font, elles voient les choses changer pour le mieux dans leur vie. Si cela n'arrive pas pour vous, cela arrivera à d'autres personnes, à ceux qui croient et voient les changements dans leur vie qui les poussent à continuer à croire en Dieu. C'est une bonne façon de vivre, plutôt que de vivre une vie d'ignorance dans laquelle on ne voit aucun sens à continuer et dans laquelle il n'y a pas de bonne solution. J'ai connu des gens qui jouaient à la loterie et rendaient visite à des démons pour leur demander de leur donner la chance de gagner. Après avoir fait cela, cependant, ils ne gagnent pas. La fin de la chair humaine est le début de la vie de l'humain. L'esprit ne meurt pas; elle continue soit au paradis, soit en enfer. L'esprit ira à l'un de ces deux endroits. Les gens ignorent ces endroits parce qu'ils adhèrent au matérialisme alors qu'ils sont encore dans le corps, mais une fois que le corps se sera séparé de l'esprit, ce sera une autre histoire.

A Propos de l'Auteur

A propos de l'auteur Léon Kabasele est né au Zaïre, qui est aujourd'hui la République démocratique du Congo. J'ai beaucoup de recherches sur la théologie et la philosophie, et j'ai écrit des livres sur la théologie et la philosophie, dont Christian Philosophy: Understanding Racial Oppression, qui se penche sur la question des droits de l'homme en Afrique. Je me suis intéressé à la recherche sur les droits de l'homme et d'autres questions juridiques en raison de son expérience de vie en matière de justice et de sa conviction que pour comprendre la théologie, il faut comprendre les droits de l'homme. J'ai assisté à de nombreuses conférences sur la théologie et les droits de l'homme, et j'ai été sélectionné pour faire une présentation lors d'une conférence à

Bethléem. J'assiste régulièrement à des conférences sur le christianisme, et il débat de politique et de théologie avec des gens du monde entier, y compris l'Inde, le Pakistan et l'Afrique. Tous les êtres humains naissent libres et égaux en dignité et en droits. Ils sont doués de raison et de conscience et doivent agir les uns envers les autres dans un esprit de fraternité. Chacun a droit à tous les droits et libertés énoncés dans cette déclaration, sans distinction d'aucune sorte, telle que la race, la couleur, le sexe, la langue, la religion, l'opinion politique ou autre, l'origine nationale ou sociale, la fortune, la naissance ou toute autre situation. En outre, aucune distinction ne sera faite sur la base du statut politique, juridictionnel ou international du pays ou territoire auquel une personne appartient, qu'il soit indépendant, de confiance, non autonome ou soumis à toute autre limitation de souveraineté.

Adresse e-mail: christiancounselling@
hotmail.co.uk
Site Web : www.mpcministries.org
Facebook : @authorleonkabasele
Instagram : @doctorleonkabasele
Twitter : @leon kabasele
LinkedIn : Léon Kabasele

Sources

Aldridge, A., *Religion in the Contemporary World: A Sociological Introduction* (Cambridge, Polity, 2000).

Ash, M. and W. Woodward, *Psychology in Twentieth-Century Thought and Society* (Cambridge, Cambridge University Press, 1989).

Banyard, P., and C. Flanagan, *Ethical Issues in Psychology* (East Sussex, Routledge, 2001).

BBC Radio 4, *All in the Mind* (19 Nov. 2013), http://www.bbc.co.uk/programmes/b03hvx74, accessed 24 Mar. 2018.

Benson, N., *Introducing Psychology* (Cambridge, Icon, 2007).

Benson, N., S. Grove, and R. Appignanesi, *Psychology for Beginners* (Duxford, Cambridge, Icon, 1998).

Brysbaert, M., and K. Rastle, *Historical and Conceptual Issues in Psychology* (Harlow, Essex, Pearson, 2013).

Butler, G., and F. McManus, *Psychology* (Oxford, Oxford University Press, 2014).

Collin, C., *The Psychology Book* (New York, DK, 2012).

Coolican, H., *Research Methods and Statistics in Psychology* (East Sussex, Psychology Press, 2014).

Damaris Media, "The Children Action", *Good News* (September 2018), 41.

Dawkins, R., and L. Ward, *The God Delusion* (London: Transworld and Black Swan, 2006).

Ellis, M., *Good News* (September 2018), 6, 8.

Freud, S., A. Brill, and S. Wilson, *The Interpretation of Dreams* (London, Royal National Institute of the Blind, 2007).

Freud, S., and A. Brill, *The Interpretation of Dreams* (Hertfordshire, Words Worth Editions, 1997).

Gascoigne, Bamber, "History of Zanzibar", HistoryWorld (from 2001, ongoing), http://www.historyworld.net/wrldhis/PlainTextHistories.asp?historyid=ad52, accessed 30 May 2020.

Guerrero, Miguel D., "The Academic Animal Is Just an Analogy", *Stance*, 9 (April 2016), 59–66.

Heffernan, T. M., *The Student's Guide to Studying Psychology* (London, Psychology Press, 2016).

Ina Société, "Comment se deroule le culte de Lucifer?" [video], YouTube (uploaded 13 Jan. 2014), https://www.youtube.com/watch?v=fk8qEIuwl_M.

Kabasele, L., *Africa Inter-Religious Dialogue: Philosophy and Theology* (Bloomington, IN, AuthorHouse UK, 2013).

Kain, E. L., "Family Life in 20th Century America", *Journal of Comparative Family Studies*, 39/2 (2008), 300–1.

Michell, J., "Pragmatism, Positivism, and the Quantitative Imperative", *Theory & Psychology*, 13/1 (2003), 45–52.

Nelson, Geoffrey, and Isaac Prilleltensky, *Community Psychology: In Pursuit of Liberation and Well-Being* (2nd edn, New York, Palgrave Macmillan, 2010).

Robinson, D., and C. Garratt, *Introducing Descartes* (Cambridge, Icon, 1998, 2006).

Rogers, W., and R. Roger, *The Psychology of Gender and Sexuality* (Maidenhead, Berkshire, Open University Press, 2001).

Roth, I., *Introduction to Psychology* (London, Lawrence Erlbaum, 1990).

Rutherford, Alexandra, Kelli Vaughn-Johnson, and Elissa Rodkey, "Does Psychology Have a Gender?" *The Psychologist* (2018), https://thepsychologist.bps.org.uk/volume-28/june-2015/does-psychology-have-gender, accessed 21 Mar. 2018.

Sale, J., L. Lohfeld, and K. Brazil, "Revisiting the Qualitative–Quantitative Debate: Implications for Mixed-Methods Research", *Quality and Quantity*, 36/1 (2002), 43–53.

Sartre, J., *Being and Nothingness* (New York, Washington Square Press, 1984).

"Should People Keep Their Religious Beliefs Private?" Debating Europe (2 Feb. 2015), https://www.debatingeurope.eu/2015/02/02/should-people-keep-their-religious-beliefs-private/#.XnjxTIj7S1s 2020, accessed 23 Mar. 2020.

Skinner, B., *Verbal Behavior* (Mansfield Centre, Martino, 2015).

Stayt, Charlie, and Naga Munchetty, "Cat Bird (UK) – BBC Breakfast News – 18th October 2018" [video], YouTube (uploaded 18 Oct. 2018), https://www.youtube.com/watch?v=yytjTzanm7Y

Teddie, C., and A. Tashakkori, *Foundations of Mixed Methods Research* (Thousand Oaks, CA, Sage, 2008).

Thomas, K., and P. Napolitano, "Educational Privilege: The Role of School Context in the Development Just World Beliefs among Brazilian Adolescents", *International Journal of Psychology*, 52 (2016), 106–13.

"Where Did Experimental Psychology Come From?" [video], YouTube (uploaded 27 Jan. 2019), https://www.youtube.com/watch?v=P81vx75JEaA, accessed 14 Mar. 2019.

Scripture quotations are taken from the New King James Version of the Bible. Copyright © 1982 by Thomas Nelson, Inc. Used by permission. All rights reserved.

CPSIA information can be obtained
at www.ICGtesting.com
Printed in the USA
LVHW092004190322
713876LV00001B/105